オンライン学習時代の憲法入門

蛯原健介 著

成文堂

まえがき

もしも二〇二〇年が「普通の年」であったならば、この本が世に出ることはなかったでしょう。COVID―19の感染拡大により、日本はもとより、世界中の大学で、突然、オンラインによる遠隔授業がはじまり、学生も、教員も、いままで経験したことのない授業スタイルを強いられることになりました。

二〇二〇年の新入生は、入学式が中止になったうえ、大学への立ち入りを禁止され、教員に質問や相談することができず、図書館も閉鎖される状況に置かれました。そのような新入生が履修者の大半を占める授業をオンラインで進めていくうちに、対面授業を受けられなくても、インターネットの回線状況が良くなくても、大学に来ることができなくても、初学者がひとりで読んで理解できるような「オンライン学習時代」の憲法入門書が必要であると痛感するにいたりました。

憲法という科目は、多くの法学部で必修に近い位置づけにされることがあり、教職科目にもなっています。とはいうものの、どうしても抽象的な話が多く、なかなか身近に感じられない、興味がもてない、勉強していてつまらない、という話をよく聞きます。たしかにそうだと思います。

そこで、本書では、日本国憲法第3章、つまり基本的人権を中心に、学生のみなさんに少しでも興味をもってもらえるよう、できるだけ具体的な素材を取り扱うように心がけました。退屈になりがちな統治機構の部分は本書から省いていますが、より深く学びたい人には、参考文献に掲げた概説書や参考書を入手して学習することをおすすめします。

本書は、二〇二〇年度のオンライン授業のコンテンツをもとに執筆したものです。パンデミック下の過酷な環境にあって、毎週、Ｚｏｏｍのオンライン授業に参加し、熱心に聴いてくれた学生のみなさんのおかげで、本書が生み出されました。学生のみなさんとのオンラインでのやり取りは大変有意義なもので、多くの着想を得ることができました。

最後に、本書の出版企画に賛同し、二〇二〇年度内の出版を実現するために迅速に作業を進めていただいたのは、成文堂の篠崎雄彦さんでした。この場を借りて、心から感謝申し上げます。

二〇二〇年一〇月二七日

蛯原健介

参考文献

大学の図書館に行くと、膨大な数の憲法の本が並んでいて、どれを読んだらよいか迷ってしまう人も少なくないと思います。ここでは一般的によく利用されている教科書を中心にいくつか紹介しておきます。

1　概説書

芦部信喜『憲法（第七版・高橋和之補訂）』（岩波書店・二〇一九年）
市川正人『基本講義憲法』（新世社・二〇一四年）
浦部法穂『憲法学教室（第三版）』（日本評論社・二〇一六年）
佐藤幸治『日本国憲法論（第二版）』（成文堂・二〇二〇年）
渋谷秀樹『憲法（第三版）』（有斐閣・二〇一七年）
高橋和之『立憲主義と日本国憲法（第五版）』（有斐閣・二〇二〇年）
辻村みよ子『憲法（第六版）』（日本評論社・二〇一八年）
永田秀樹・倉持孝司・長岡徹・村田尚紀・倉田原志『講義・憲法学』（法律文化社・二〇一八年）
野中俊彦・中村睦男・高橋和之・高見勝利『憲法Ⅰ・Ⅱ（第五版）』（有斐閣・二〇一二年）
長谷部恭男『憲法（第七版）』（新世社・二〇一八年）

2　判例集

長谷部恭男・石川健治・宍戸常寿編『憲法判例百選Ⅰ・Ⅱ（第七版）』（有斐閣・二〇一九年）
憲法判例研究会編『判例プラクティス憲法（増補版）』（信山社・二〇一四年）

戸松秀典・初宿正典『憲法判例（第八版）』（有斐閣・二〇一八年）

3　その他

畑博行・小森田秋夫編『世界の憲法集（第五版）』（有信堂高文社・二〇一八年）
初宿正典・辻村みよ子編『新解説世界憲法集（第五版）』（三省堂・二〇二〇年）
辻村みよ子『比較憲法（第三版）』（岩波書店・二〇一八年）
君塚正臣『比較憲法』（ミネルヴァ書房・二〇一二年）
山元一『グローバル化時代の日本国憲法』（放送大学・二〇一九年）
内山奈月・南野森『憲法主義』（ＰＨＰ研究所・二〇一四年）

本書の執筆にあたっては、このほか数多くの著書・論文を参照させていただきましたが、初学者向けの憲法入門書という本書の性格上、原則として引用は省略しました。著者のみなさまにはこの場を借りて、心より御礼申し上げます。

判例の略記

この本では、たくさんの判例が取り上げられています。判例とは、広くは裁判例（判決例）を意味しますが、厳密には、判決の結論を導くうえで意味のある法的理由づけ、つまり「判決理由」のことをいいます。後で起こった別の事件で、同じような法律問題が争点になったときは、この「判決理由」の部分が、裁判の拠りどころになります。最高裁が判例を変更することもありますが、その場合は、かならず全員の裁判官で構成される大法廷によらなければなりません。なお、判決文のなかで、これとは関係のない部分は「傍論」と呼ばれています。判例の出典について、一般に、次のような略語が用いられます。

最大判（決）　最高裁判所大法廷判決（決定）
最判（決）　最高裁判所小法廷判決（決定）
高判（決）　高等裁判所判決（決定）
地判（決）　地方裁判所判決（決定）
簡判　簡易裁判所判決
支判　支部判決

目　次

第一章　憲法を学ぶにあたって

1 憲法の意味

これから憲法を学ぶにあたって、最初にその意味を説明しておきましょう。

一般に、憲法は、「国家の基本法」だとか、「国の根本法」だと説明されています。「憲法」という言葉それ自体は、日本にも昔からありましたが、それはただの「おきて」という意味で使われていました。聖徳太子の作とされる「一七条憲法」（官吏が守るべき心得や道徳的訓戒を書いたもの）がそうです。一九世紀半ば以降になると、「憲法」という言葉は、英語やフランス語の constitution、ドイツ語の Verfassung の訳語としても使われるようになります。

憲法が「国家の基本法」であると説明することができるにしても、そもそも「国家」とはいったい何なのでしょうか。ここでは、国家とは、一定の領土（領海や領空も含みます）を基礎として、そこにずっと住んでいる人間が、強制力をもった統治権のもとに組織された社会であると定義しておきましょう（社会学的な国家の定義）。

国家の統治の基本を定めた法という意味での憲法は、「固有の意味の憲法」と呼ばれています。それは、古代であろうと二一世紀であろうと、独裁国家であれ、民主主義国家であれ、国家のあるところには、どこにでも存在するものです。

しかし、今日では、近代市民革命の時期に、絶対君主の権力を制限する努力の中で生み出された「立憲主義」の思想にもとづいて制定された国家の基本法こそが、憲法の名に値すると考えられています。一七八九年のフランス人権宣言一六条は「権利の保障が確保されず、権力の分立が定められていないすべての社会は、憲法をもたない」と規定しています。これは、国家権力を制限して、国民の権利を守ることが憲法の目的であることを宣言した規定として、とても有名です。このような考え方にもとづいて、人権保障と国家権力の制限を内容とする基本法を憲法と呼ぶ場合、それは「近代的意味の憲法」あるいは「立憲的意味の憲法」だということになります。

「固有の意味の憲法」や「近代的意味の憲法」は、どちらも特定の内容をもった法を憲法と呼ぶもので、その限りでは実質的意味の憲法といえます。これに対して、形式的意味の憲法が存在するかどうかが語られることもあります。形式的意味の憲法とは、内容に関係なく、「憲法」という名前で呼ばれる成文の法典、あるいは、「憲法」という法形式をとって存在している憲法のことです。もちろん、憲法という名前をもっているかどうかではなく、憲法の内容こそが重要であることはいうまでもありません。

2 憲法の分類

憲法は、いくつかの観点から分類することができます。

まず、その形式面から、成文憲法（成典憲法）と不文憲法（不成典憲法）に分けられます。成文の法典の形になっているかどうか、という分類です。現在、ほとんどの国は成文の憲法典をもっています。日本の日本国憲法、アメリカの合衆国憲法、フランスの第五共和制憲法などがそうです。ドイツには、憲法という名称ではなく、「基本法」(Grundgesetz)という名前で呼ばれる成文の憲法典があります。他方で、イギリスには、こうした成文の憲法典はありませんが、王位継承法・議会法などの普通の法律や慣習法によって、実質的に憲法にあたる事項が定められています。

憲法の改正手続が厳格かどうかで、硬性憲法と軟性憲法に分類することもできます。普通の法律よりも改正手続が厳格なものを硬性憲法、法律と同じ手続（単純多数決で成立）で改正できるものを軟性憲法と呼んでいます。硬性憲法にはさまざまなバリエーションがあり、議会での特別多数決（二分の一ではなく、三分の二や五分の三）を求めるもの、それに加えて国民投票を要件とするものなどがあります。日本国憲法をはじめ、多くの国の現行憲法は硬性憲法です。それは、憲法の定める基本価値秩序を立法者（議会）による安易な変更から守る必要があるからです。

憲法を制定する主体に着目した分類としては、君主によって制定された欽定憲法、国民によって制定された民定憲法、君主と国民の合意によって制定された協約憲法といった分け方があります。

憲法の定める国家形態によって分類されることもあります。君主が存在するかどうかによって君主制と共和制に区分されたり、議会と政府の関係に着目して大統領制と議院内閣制に分けられたり、独自の統治権を与えられた州があるかどうかで単一国家と連邦国家に分けることがあります。

3　憲法の目的

本書の冒頭で、国家を領土、人、統治権（権力）という三つの要素を用いて説明しましたが、権力こそが国家の実体です。権力は、権力の側にある者の利益に仕え、力ずくで人びとを服従させます。国家は、「権力によって国民を支配するしくみ」にほかなりません。

権力は、それを手にした者たちによって、しばしば濫用され、その結果、人びとの権利や自由は幾度となく侵害されてきました。モンテスキューは、「権力を担当する者がすべて権力を濫用しがちであるということは、永遠の経験の示すところである」と述べています（『法の精神』）。だとすれば、国家、すなわち権力による人権侵害は、どのようにして防ぐことができるのでしょうか。ここで、国家権力に縛りをかけるためには憲法を制定することが必要だという発想が出てきます。これが立憲主義の考え方です。

立憲主義の考えにもとづく憲法の制定に理論的な根拠を与えたのは、ジョン・ロックやジャン・ジャック・ルソーといった近代の思想家たちが説いた自然権思想です。かれらの主張によると、人間は生まれながら自由・平等であって、生来の権利＝自然権をもっています。そして、その自然権を確実なものとするために、人びとは「社会契約」を結んで、政府に権力行使を委任します。しかし、政府が権力を恣意的に行使して人びととの権利を侵害する場合には、人びとは政府に抵抗する権利（抵抗権・革命権）をもつ、というのです。こうした説明からすると、国家や政府は人権保障のために存在すべきものであって、それこそが存在意義だといえます。かれらの思想の影響を受けて、一七七六年以降のアメリカの諸州の憲法や権利章典、一七八八年の合衆国憲法、一七八九年のフランス人権宣言などが制定されていきます。

立憲主義の考えによると、憲法の目的は、人権保障と国家権力の制限にあります。人びとが国王や特権階級に支配されていた時代に逆戻りしてしまわないように、国家権力をあらかじめ制限しておいて国民の自由を侵害させないようにすることに憲法の存在意義があります。したがって、憲法には国民の権利や自由ばかりが規定されていて、国民の義務がほとんど書かれていないのは当然のことなのです。

4 憲法の特質

憲法には、いくつか重要な特質があります。ここでは、①授権規範、②制限規範、③最高規範の三つの特質について説明しておきましょう。

授権規範

憲法は、国家や地方公共団体の機関が活動するための権限をつくり、権限を与える法です。この意味で、憲法は、「授権規範」だといわれています。権力は、最初から国家や地方公共団体に当然に備わっているものではありません。憲法で定めてはじめて、その定めた範囲内でのみ、それらの機関は憲法から権限を与えられるのです。

制限規範

憲法には、制限規範としての特質があります。憲法は、国家権力を制限する基本法であって、憲法は、国家権力が「してはいけないこと」を明らかにしています。憲法が定めた権限以外の権限は国家に与えられません。

繰り返しになりますが、憲法のねらいは、国家権力を縛ることによって国民の人権を保障することにあります。

日本国憲法九九条は、次のように規定しています。

「天皇又は摂政及び国務大臣、国会議員、裁判官その他の公務員は、この憲法を尊重し擁護する義務を負ふ。」

ここでは、憲法を尊重・擁護する義務は、国民ではなく、国家機関に課されています。憲法の規範的拘束は、国家機関に対して向けられたものであって、憲法は、わたしたち国民を拘束するものではないのです。

ただ、最近では、国家や地方公共団体だけではなく、企業や巨大な私的団体によって、わたしたちの権利や自由が侵害されることも少なくありません。そのような私的権力による人権侵害の場面で、憲法の人権規定を適用することができるかどうかも議論されることになります。

最高法規

さらに、憲法には、最高法規としての特質があります。

憲法は、その国の法秩序の頂点に置かれており、憲法よりも上位の規範は存在しません。憲法は、その形式的効力において、国の最高法規に位置づけられています（形式的意味の最高法規性）。

国会は立法権をもっていますが、その立法権は憲法によってつくられた権限ですので、国会が制定する法律は憲法よりも下位の規範だということになります。また行政権は、日本では内閣にあるとされていますが、これも憲法によってつくられた権限です。しかも、日本では、行政が法律にもとづいて行われることになっていますので、行政機関がつくる命令は、憲法はもちろんのこと、法律よりも下位の規範であることは明らかです。

このように憲法は、国家機関の制定するすべての法よりも上位にあり、法律や命令などは憲法に反することができないのです。日本国憲法九八条が、「この憲法は、国の最高法規であつて、その条規に反する法律、命令、詔勅及び国務に関するその他の行為の全部又は一部は、その効力を有しない」と規定しているのは、このような意味なのです。

憲法の最高法規性は、形式的効力とは別に、実質的な意味、つまり、その内容面に着目して説明されることもあります。憲法が最高法規たりうるのは、それが人権を永久不可侵のものとして保障する規範だからなのだ、ということです。日本国憲法の第一〇章は、「最高法規」という題になっていますが、その最初の条文である九七条は、つぎのように定めています。

「この憲法が日本国民に保障する基本的人権は、人類の多年にわたる自由獲得の努力の成果であつて、これらの権利は、過去幾多の試錬に堪へ、現在及び将来の国民に対し、侵すことのできない永久の権利として信託されたものである。」

このように、憲法は、人権保障を目的とする法規範であるからこそ、最高法規として、その国の法秩序のピラミッドの頂点に位置することができるのです。ここに憲法が最高法規であることの実質的な意味があります。

しかし、いくら憲法が最高法規だとはいっても、憲法に違反する法律や命令がつくられ、あるいは憲法違反の国家行為が横行している状態では、憲法の最高法規性は無意味になってしまいます。そこで、憲法の最高法規性を担保するためのしくみが必要になります。多くの国では、裁判所などの機関に違憲審査権が与えられており、法律や国家行為が違憲か合憲かを審査したうえで、違憲であればそれを排除できるようになっています。

◆違憲審査制◆

国会が制定した法律や国家機関の行為が憲法に適合しているかどうかを、独立した機関が審査する制度を違憲審査制といいます。アメリカでは早くから違憲審査制が確立していましたが、ヨーロッパでは、国民の代表からなる議会が制定した法律を他の機関が審査するのは民主主義に反するという考えが根強く、なかなか導入されませんでした。しかし、第二次世界大戦後、ファシズムへの反省から、ヨーロッパをはじめ、世界各国で違憲審査制の導入が進みました。

フランスなど、政治機関が違憲審査を行っていた例もありますが、多くの国では、裁判所による違憲審査の方式が採用されています。その場合にも、二つのタイプがあります。ひとつは、通常の裁判所とは別系列にある、特別に設けられた憲法裁判所が、具体的な事件とは関係なく、法律などの違憲審査をする制度で、抽象的違憲審査制と呼ばれています。もうひとつは、通常の裁判所が、具体的な訴訟事件を裁判するにあたって、その前提として、事件の解決に必要な限りにおいて、その事件に適用される法律などの違憲審査をする制度で、付随的違憲審査制と呼ばれています。抽象的違憲審査制は、オーストリア、ドイツ、イタリア、スペインなど、ヨーロッパ大陸の国々で採用されています。付随的違憲審査制は、アメリカ、オーストラリア、ニュージーランドなどで採用されています。また、韓国のように、憲法裁判所が、具体的事件を解決する前提として違憲審査を行う制度も存在します。

日本国憲法は、八一条において、「最高裁判所は、一切の法律、命令、規則又は処分が憲法に適合するかしないかを決定する権限を有する終審裁判所である」と定め、違憲審査制を導入しています。ここには「最高裁判所」と明記されていますが、下級裁判所も違憲審査を行うことができます（民事訴訟法三一二条一項、刑事訴訟法四〇五条一項を参照）。この規定は、とくに最高裁判所が「終審」として違憲審査権を行使することを定めたものだと考えられています。日本国憲法の定める違憲審査制が抽象的違憲審査制なのか、付随的違憲審査制なのかは、憲法八一条を読んだだけでははっきりしませんが、最高裁は、一九五二年の判決で、「我が裁判所は具体的な争訟事件が提起されないのに将来を予想して憲法及びその他の法律命令等の解釈に対し存在する疑義論争に関し抽象的な判断を下すごとき権限」をもたないとして、憲法八一条は付随的違憲審査制を定めたものだとする立場を明らかにしました（警察予備隊違憲訴訟・最大判一九五二＝昭二七・一〇・八）。したがって、日本では、具体的な事件と切り離して、抽象的に、ある法律のこの条文が憲法に違反するかどうかを裁判所が審査することはできないものとされています。

日本の最高裁判所には、全員の裁判官で構成される「大法廷」と、三人以上の裁判官で構成される「小法廷」（第一小法廷、第二小法廷、第三小法廷）があります。裁判所法一〇条では、「法律、命令、規則又は処分が憲法に適合するかしないかを判断するとき」（ただし、過去に出された合憲の判断と同様の意見になるときは小法廷でも可）、「法律、命令、規則又は処分が憲法に適合しないと認めるとき」、つまり憲法違反の判断を下す場合、そして判例を変更する場合には、かならず大法廷で裁判をすることと定められています。

裁判所法一一条は、最高裁において、「裁判書には、各裁判官の意見を表示しなければならない」と規定しています。これにともない、最高裁の判決・決定には、多数意見（法廷意見）とは別に、補足意見（多数意見に賛成であるが、意見を補足するもの）、意見ないし少数意見（多数意見と結論は同じであるが、理由付けが異なるもの）、反対意見（多数意見と異なる意見をいうもの）、追加反対意見（反対意見にさらに補足するもの）が付される場合があります。下級裁判所の判決・決定には、このような個別意見は付けられていません。

第二章　人権の歴史と内容

1 人権の歴史を学ぶ意味

第一章で引用したように、日本国憲法九七条は、「基本的人権は、人類の多年にわたる自由獲得の努力の成果」であるとうたっています。人権は、人類の長年にわたる自由獲得のたたかいを通して、歴史的に形成され、確立されるようになったものです。憲法で保障されている人権規定の意味を理解するには、その歴史を知っておくことが必要です。ここでは、人権の歴史について解説しておきましょう。

2 イギリスにおける「前史」

人権の歴史を語る場合、中世のイングランドにまでさかのぼることができます。近代以降の立憲主義の考えにつながる萌芽的な発想が見られるからです。

千年近く前から、イギリスでは、特権階級である封建領主（バロン）と国王との間で、権利や義務をめぐる争いが生じると、バロンは「古来の権利・自由」を確認する文書を国王に承認させていました。ヘンリ一世が即位するときに発布された「戴冠憲章」（一一〇〇年）は、王権にも限界があること、国王であっても服従しなければならない一定の慣習があることを国王側から宣言したものでした。

一一九九年に即位したジョン王は、裁判所によって認められた慣習法や戴冠憲章などで確認されていたバロンの権利や自由を無視し、かれらと対立します。これに対して、バロンたちは、かれらの権利や自由を回復し、確実なものにするよう国王に要求。こうして誕生したのが、一二一五年の「マグナ・カルタ」（大憲章）でした。

全部で六三か条からなるマグナ・カルタの中には、国王がバロンに金銭的負担を求める場合には、「王国一般評議会」の同意が必要であるとか、「同輩による合法的裁判」が保障されなければならない、といった原則が盛り込まれていました。

とはいえ、マグナ・カルタで確認されたのは、近代的な人権ではなく、バロンなどの封建的特権でした。しかも、その中心的な内容は、バロンたちが国王から独立して、その被治者を自由に支配できることにありました。したがって、マグナ・カルタは、封建制度を温存するものにすぎなかったのは事実でしょう。

他方で、「文書」の形で一定の権利や自由を保障し、国王の権力濫用を防ぐことをめざしていた点には、近代以降の憲法や人権宣言との共通点を見出すことができます。とくに王権といえども、侵すことのできない領域があって、「法」によって規制を受けること、バロンたちの権利や利益を侵害する場合には、一定の手続を経る必要があること、そして、「代表なければ課税なし」の原則が承認されたことに注目しておきたいと思います。

3　封建的特権からイギリス人民の権利へ

バロンたちの権利や自由は、マグナ・カルタによって保障されていたはずでしたが、その後、しばしば侵害され、絶対王政期には忘れられてしまいます。しかし、一七世紀に入ると、マグナ・カルタの趣旨があらためて確認されるようになります。一六二八年の「権利請願」では、議会の同意のない課税の禁止、人身の自由と法の適正な手続、軍隊の強制宿泊の禁止、軍法による裁判の禁止などが宣言され、また、一六七九年の人身保護法では、人身の自由の保障のための手続が整備され、権力による不法な自由の拘束が禁止されました。

名誉革命の所産である「権利章典」（一六八九年）においては、議会の同意なくして、国王が法律を停止することの禁止、議会の同意のない課税の禁止、常備軍の禁止のほか、国王に請願する権利、自由な選挙、議会における言論・討論・議事手続の自由、過大な罰金の禁止、残虐かつ異常な刑罰の禁止、陪審による裁判などが、イギリス人の古来の権利・自由として宣言されています。

ただし、一七世紀のこれらの文書にも、一八世紀以降の人権宣言や憲法と比べると、一定の限界が存在します。まず、権利章典などで宣言された権利や自由は、普遍的な人権、生来的な自然権として位置づけられておらず、イギリス人民あるいはその一部の古来の権利や自由を保障したものにすぎないという点です。また、権利章典などに規定された権利や自由は、立法権には対抗できないという限界もありました。つまり、イギリスの議会が、これらの権利や自由を、法律によって制限することも許されていたということです。

4 アメリカにおける権利章典と憲法の誕生

一七世紀から一八世紀初頭にかけて、北米にイギリスの植民地が形成されましたが、その後、本国による課税要求に対する反発が強まり、抵抗運動が激化しました。植民地の代表たちは、本国からの弾圧に抗議して、通商断絶と不当課税の拒否を宣言し、一七七五年に独立戦争が勃発しました。

一七七六年以降、アメリカ諸州の憲法が制定されていきますが、その中で最初の人権宣言として知られているのが一七七六年六月のバージニア権利章典です。その一条では、「すべての人は、生来ひとしく自由かつ独立しており、一定の生来の権利をもつ」とされ、その権利とは「財産を取得所有し、幸福と安全を追求獲得し、そうすることによって生命と自由を享受する権利である」と宣言されています。さらに、「すべての権力は、人民に存し、したがって人民に由来するものである」とされ、「政府は、人民、国家もしくは社会の利益、保護および安全のために樹立され、あるいは樹立されるべきものである」から、「いかなる政府も、この目的に反するか、不十分であるときは、社会の多数の者は、その政府を改良し、改変し、あるいは廃止する権利をもつ」として、抵抗権の思想が表明されています。このバージニア権利章典は、自然権の観念にもとづき、生来的な天賦の権利を宣言したものであり、成文憲法における権利宣言の模範とみなされるようになりました。

一七七六年七月四日に可決された独立宣言は、純然たる人権宣言ではありませんが、「われわれは、自明の真理として、すべての人は平等に造られ、造物主によって一定の奪うことのできない権利を与えられ、そのなかには生命、自由および幸福の追求が含まれている」と宣明しています。この「生命、自由および幸福追求」の権利という表現は、のちに日本国憲法一三条にも取り入れられることになります。

このように、バージニア権利章典も、独立宣言も、「すべての人」が一定の生来的な権利をもつとして、人権が普遍的なものであることを強調しています。同時に、これらの権利は、たとえ立法府であっても侵すことができないものとして位置づけられているのです。

一七八八年に成立したアメリカ合衆国憲法は、現行成文憲法のなかで、世界最古のものといわれていますが、当初は人権規定を含んでいませんでした。しかし、一七九一年以降、修正条項の形式で人権規定が追加されていきます。その第一修正では、信教の自由や表現の自由を保障する規定が追加されました。

5 フランス革命期の人権宣言と憲法

フランスでは、一七八九年八月二六日に「人および市民の権利宣言」、すなわちフランス人権宣言が採択されます。この人権宣言は、フランス最初の成文憲法である一七九一年憲法の冒頭に置かれ、その一部をなしています。一七七六年のアメリカ独立宣言や諸州の人権宣言がそのモデルになっているといわれています。

人権宣言は、「人は、自由かつ権利において平等なものとして生まれ、生存する」（一条）とし、あらゆる「政治的結合」の目的が、「人の、時効によって消滅することのない自然権」、すなわち、「自由、所有、安全および圧政への抵抗」の保全にある（二条）と規定しています。また、「自由とは、他人を害しないすべてのことをなしうることにある」（四条）として自由には限界があることが示されたうえで、精神的自由、人身の自由、経済的自由に関する具体的な規定が置かれています。財産権について、「所有は、神聖かつ不可侵の権利」（一七条）であるとして、その神聖・不可侵性が宣言されており、ここに人権宣言のブルジョア的性格を見出すことができます。

一七八九年の人権宣言には「人の権利」のほかに、「市民の権利」として、市民の立法参加権、公務就任権、租税決定権、公務員に対する報告請求権などの政治的な権利も規定されていました。

第六条の「法律は一般意思の表明である」という有名な規定は、ジャン・ジャック・ルソーの影響によるものとされています。革命以降のフランスでは、国民の代表者からなる議会の制定する法律によって国民の権利や自由を保障するという考えが支配的になり、一九世紀初頭にいち早く違憲審査制が確立されるアメリカとは対照的な道を歩むことになります。

一七九一年憲法は制限選挙制を採用するなどの限界を含んでいましたが、その後、急進的なグループが革命の主導権を握るようになり、一七九三年憲法（ジャコバン憲法）が人民投票によって成立します。その冒頭に置かれた人権宣言には、平等権や社会保障の権利など先進的な規定が盛り込まれ、男子普通選挙制も導入されましたが、この憲法が実際に施行されることはありませんでした。

6　社会権の登場

一八世紀の近代市民革命によって生まれた人権宣言や憲法は、「国家からの自由」という性質をもつ自由権に重きを置いていました。市民革命の担い手が、財産をもつ市民階級（ブルジョワジー）であり、かれらがとりわけ経済的自由権の保障を強く要求したからです。そこでは、「最小の政府は最良の政府である」という考えにもとづき、自由放任主義が掲げられました。政府は、治安と国防という「夜警」の役割に徹することを求められ、社会的・経済的領域には介入すべきではないとされていました。

こうして資本主義が発展していくのですが、そこでは数々の矛盾が生じました。一部の資本家が巨大な富を蓄積する一方で、労働者は非人間的な生活を強いられました。「契約の自由」の名の下に、労働者は労働力を買い叩かれ、低賃金・長時間労働（一日一三時間以上）を余儀なくされました。子どもたちも労働に駆り出され、非衛生的な職場では病気や労働事故が絶えませんでした。その結果、平均寿命は著しく低下し、一八四〇年頃のフランス人の平均寿命は二〇歳にまで下落したそうです（杉原泰雄『憲法の歴史』）。

しかし、政府は、このような状況でも何ら対策をとらず、「契約の自由」を中心とする経済活動の自由を確保するため、事態を放置しました。さらに、刑事罰をもって、労働者の団結や争議行為を禁止し、労働者による労働条件改善の要求を封じ込めました。労働者階級が徐々に階級意識を身につけるようになると、激しい階級闘争が展開され、一八七一年の「パリ・コミューン」では一時的に労働者が権力を掌握するにいたります。

二〇世紀に入ると、ついにロシアで革命が勃発し、一九一八年にソビエト憲法が制定されます。この憲法は世界最初の社会主義憲法であり、その後の各国の憲法に大きな影響を与えました。二〇世紀に制定された憲法の多くは、自由権だけでなく、社会権を規定し、労働者や経済的・社会的弱者の権利が保障されるようになります。

第一次世界大戦後、一九一九年に制定されたドイツのワイマール憲法は、「経済生活の秩序は、すべての者に人間に値する生活を保障することを目的とする正義の原則に適合していなければならない」と定め、経済的・社会的弱者の生存を保障するために国家は積極的活動を行うべきこととされました。これに対して、「所有権は、義務をともなう。その行使は、同時に公共の福祉に役立つべきである」として、財産権は、社会的な制約を受けるべきものとなりました。フランスでも、第二次世界大戦後に制定された一九四六年の第四共和制憲法において、「現代にとくに必要な経済的・社会的原則」として、各種の社会権が規定されました。

7 国際的な人権保障へ

従来、人権保障はもっぱら国内法の課題だと考えられていました。しかし、第二次世界大戦において、人びとは、ナチズムやファシズムによる悲惨な人権侵害を経験します。そこで、国際社会において平和を維持していくためには、それぞれの国において人権が尊重されなければならないという認識が共有されるようになり、国際的な人権保障の取り組みが進められています。

一九四八年に国連総会は世界人権宣言を採択。その後、一九六六年には国際人権規約が採択され、日本はこれを一九七九年に批准しました。国際人権規約には、社会権規約（経済的、社会的及び文化的権利に関する国際規約＝A規約）と自由権規約（市民的及び政治的権利に関する国際規約＝B規約）があります。いずれも、世界人権宣言とは異なり、締約国を直接拘束する条約です。

社会権規約は、締約国が、経済的・社会的・文化的権利の「完全な実現を漸進的に達成するため、自国における利用可能な手段を最大限に用いる」ことにより、行動をとることを約束すると定めており、締約国には、権利実現のためにとった措置を国連事務総長に報告する義務が課されています。自由権規約には、自由権や参政権のほか、プライバシーの権利、戦争宣伝の禁止、少数民族の文化的権利などの規定も設けられています。自由権規約で保障される権利については、その実現の確保のための立法その他の法的措置をとることが義務づけられており、その実現のためにとられた措置について国連人権委員会に報告しなければなりません。

国際人権規約には、ある締約国が規約に違反している場合に、他の締約国が人権委員会に通報する「国家通報制度」と、人権侵害の被害者が人権委員会に通報する「個人通報制度」がありです。しかし、日本は、国家通報制度を認める宣言を行っておらず、個人通報制度のための選択議定書も批准していません。

国際人権規約のほかに、日本が批准している重要な人権条約として、「難民の地位に関する条約」（一九八一年批准）、「女子に対するあらゆる形態の差別の撤廃に関する条約」（女子差別撤廃条約、一九八五年批准）、「児童の権利に関する条約」（子どもの権利条約、一九九四年批准）、「あらゆる形態の人種差別の撤廃に関する国際条約」（人種差別撤廃条約、一九九五年批准）などがあります。日本の裁判所も、違憲判断の理由づけとして、これらの人権条約に言及することがあります。

さらに、地域的な人権保障の動きも注目されています。とくに、ヨーロッパ人権条約（一九五三年発効）は、その下にヨーロッパ人権裁判所を設置し、人権保障に大きな役割を果たしています。ヨーロッパ人権裁判所が条約違反を認定した場合には、加盟国は救済措置をとる義務を負うことになっており、加盟国の判例にも直接的な影響を与えています。

8 明治憲法における「臣民」の権利

日本で最初の成文憲法である大日本帝国憲法（明治憲法）は、一八八九年に公布されました。それは、神権主義的な君主制の色彩のきわめて強い憲法でした。

明治憲法は、天皇による支配統治を基本原理とし、天皇の地位は、「神の意志」（神勅）にもとづくものとされていました。「大日本帝国ハ万世一系ノ天皇之ヲ統治ス」（一条）とされ、「天皇ハ神聖ニシテ侵スヘカラス」（三条）と定められていました。明治憲法では、天皇は統治権を「総攬」（四条）する地位にあり、立法・行政・司法などすべての国の作用を究極的に統括する権限をもっていました。

明治憲法には、居住・移転の自由、裁判を受ける権利、身体の自由、信書の秘密、所有権の保障、信教の自由、言論・出版・集会・結社の自由、請願権といった規定が置かれていました。しかし、明治憲法は、それらの権利や自由を、人間が生まれながらにもつ不可譲の基本的人権として保障するのではなく、天皇が「臣民」に対して恩恵として与えたものとして規定していました。

明治憲法の規定する権利や自由は、臣民としての地位に反しない限りにおいて主張できるにすぎないものとされ、原則として、「法律の範囲内において」保障されるにとどまりました。これを「法律の留保」といいます。法律によるならば、憲法上の権利や自由をいかように制限してもかまわないものと解釈され、憲法上の権利や自由を制約する法律が次々と制定されました。例外的に、信教の自由については、法律の留保を受けないものとされていましたが、政府は、「神社は宗教ではない」として、神社神道に国教的地位を与え、学校教育の場などで神社参拝が強制されました。

9　人権の観念

人権の歴史を概観した後で、人権の観念について確認しておきましょう。ここでは、人権の観念として①人権の固有性、②人権の不可侵性、③人権の普遍性の三つを説明しておきます。

日本国憲法は、一一条において、「国民は、すべての基本的人権の享有を妨げられない。この憲法が国民に保障する基本的人権は、侵すことのできない永久の権利として、現在及び将来の国民に与へられる」と述べています。

この条文には「与へられる」とありますが、人権は、憲法や天皇から恩恵として与えられるわけではありません。人権は、天、造物主（神）、あるいは、自然から信託・付与されたものであるということ、つまり、人間が生まれながらに人権をもっていることを意味します。人権が、人間であることにより生まれながら当然にもつ権利であることを、「人権の固有性」といいます。

人権は、「侵すことのできない永久の権利」です。人権は、立法権や行政権などの公権力によって侵されることがあってはなりません。これを「人権の不可侵性」といいます。ただし、一七八九年のフランス人権宣言四条が、「自由とは、他人を害しないすべてのことをなしうることにある」と述べているように、人権には、とくに他人の人権との関係で、一定の内在的な限界が存在するのも事実です。

人権は、人種や性別などとは無関係に、すべての人が当然に享有できる権利です。これを「人権の普遍性」といいます。先に引用した日本国憲法一一条は、「国民は、すべての基本的人権の享有を妨げられない」としていますが、日本国民以外の人には人権は保障されないのでしょうか。もちろんそうではありません。外国人であっても人権は保障されるというのが通説的な理解です。

一般に、基本的人権とは、「人間が社会を構成する自律的な個人として自由と生存を確保し、その尊厳性を維持するため、それに必要な一定の権利が当然に人間に固有するものであることを前提として認め、そのように憲法以前に成立していると考えられる権利を憲法が実定的な法的権利として確認したもの」（芦部信喜『憲法』）などと定義されています。人間の尊厳性こそが、基本的人権の根拠なのだという理解です。ちなみに、日本国憲法が、「基本的人権」という用語を採用しているのは、無条件降伏を求めたポツダム宣言が「言論、宗教及思想ノ自由並ニ基本的人権ノ尊重ハ確立セラルヘシ」（一〇項）と命じていたことに由来するものです。

10 人権の内容

人権には、さまざまなものがあります。大まかな分け方として、人権を自由権、参政権、社会権の三つに分類して説明することができます。

自由権は、公権力が個人の領域に介入することを排除し、国家に侵害しない義務を課すものです。国家の不作為を求める権利で、「国家からの自由」と呼ばれています。自由権は、精神的自由、経済的自由、人身の自由の三つに分けられます。このうち精神的自由は、さらに、思想・良心の自由のような内面的な精神活動の自由と、表現の自由に代表される外面的な精神活動の自由に分けることができます。

参政権は、政治に参加する権利で、「国家への自由」ともいわれています。選挙権、被選挙権のほか、日本国憲法においては、憲法改正国民投票、最高裁判所裁判官の国民審査、公務員になる権利（公務就任権）も参政権に含めることがあります。

社会権は、人間らしい生活を営むことができるよう、国家の積極的な配慮を求めることのできる権利です。国家の作為を求める権利であることから、「国家による自由」とも呼ばれています。社会権は、近代市民革命期の憲法では保障されておらず、二〇世紀になって、社会的・経済的弱者を守るために保障されるようになった権利です。

このほか、日本国憲法では、人権の総則的な権利として一三条の幸福追求権と一四条の平等原則があり、さらに、裁判を受ける権利や請願権などの受益権（国務請求権）が保障されています。

ただし、このような分類は、かならずしも絶対的なものではありません。表現の自由から導き出される「知る権利」には、積極的に情報の公開を請求するという社会権的・国務請求権的な側面もあります。また、社会権でも、労働基本権や教育を受ける権利のように、公権力による介入の排除が求められる場面もあります。

◆平和的生存権◆

日本国憲法は、前文第二項において「平和的生存権」を保障しています。日本の人びとだけでなく、「全世界の国民」が、「ひとしく恐怖と欠乏から免かれ、平和のうちに生存する権利」をもつことが、憲法前文で確認されているのです。この平和的生存権は、「恐怖からの自由」や「欠乏からの自由」を含み、複合的な性格をもった「平和のうちに生活する権利」であると考えられています。

平和的生存権は、憲法前文に規定されていること、さらに、「全世界の国民」がもつとされていることから、それは具体的権利といえるのか、裁判所に対してその保護や救済を求めることができるのか、といった問題が議論されてきました。ある下級審の判決には、自衛隊の基地が建設されると、「一朝有事の際にはまず相手国の攻撃の第一目標になるものと認められるから」、地域住民の「平和的生存権は侵害される危険」があるとし、基地建設に向けた保安林の解除処分の取消しを地域住民が求めることができると判断したものがあります（長沼ナイキ基地訴訟第一審・札幌地判一九七三＝昭四八・九・七）。

また、自衛隊のイラク派遣をめぐる訴訟において、名古屋高裁は、自衛隊派遣の差止請求の根拠とされた平和的生存権について、「極めて多様で幅の広い権利」ではあるものの、「憲法の保障する基本的人権が平和の基盤なしには存立し得ないことからして、全ての基本的人権の基礎にあってその享有を可能ならしめる基底的権利」であり、「裁判所に対してその保護・救済を求め法的強制措置の発動を請求し得るという意味における具体的権利性が肯定される場合がある」と述べています。さらに、「憲法九条に違反する国の行為、すなわち戦争の遂行、武力の行使等や、戦争の準備行為等によって、個人の生命、自由が侵害され又は侵害の危機にさらされ、あるいは、現実的な戦争等による被害や恐怖にさらされるような場合、また、憲法九条に違反する戦争の遂行等への加担・協力を強制されるような場合には、平和的生存権の主として自由権的な態様の表れとして、裁判所に対し当該違憲行為の差止請求や損害賠償請求等の方法により救済を求めることができる場合があると解することができ、その限りでは平和的生存権に具体的権利性がある」としています（名古屋高判二〇〇八＝平二〇・四・一七）。

第三章　幸福追求権

1 基本的人権を包括する幸福追求権

日本国憲法第三章は、さまざまな個別的な人権を列挙しています。とはいえ、日本国憲法は、すべての人権を網羅的に掲げているわけではありません。憲法一四条以下の人権規定は、歴史的に国家権力によって侵害されることの多かった重要な権利や自由を列挙したものです。

日本国憲法が制定された頃には、SNSやスマートフォンは存在せず、インターネットすらありませんでした。現在では、社会は大きく変化し、憲法制定時にはまったく想定されていなかった問題が次々と生じています。こうした問題に法的に対応するために、憲法には明記されていないけれども、個人が自律的に（つまり、自分らしく）生きていくために必要な権利を守ることが大切だという考えが広まってきました。そうした権利は、「新しい人権」と呼ばれることがあり、その根拠とされているのが憲法一三条です。

憲法一三条は「すべて国民は、個人として尊重される」として、個人の尊重をうたったうえで、「生命、自由及び幸福追求に対する国民の権利については、公共の福祉に反しない限り、立法その他の国政の上で、最大の尊重を必要とする」と述べています。個人の尊重とは、ひとりひとりの人間がかけがえのない存在だという考え方で、利己主義とはまったく異なります。個人の尊重は、ひとりひとりの個人が、その人らしく生きることが最高の価値をもつこと、そして、個人の自律的な活動を他の人が尊重し、それに配慮することを求めるものです。日本国憲法は、個人の尊重、あるいは、個人の尊厳（二四条二項）を、人権を支える根本的な価値と位置づけています。そこには、かつて日本が経験した全体主義への否定という意味が込められています。

憲法一三条後段に書かれている「生命、自由及び幸福追求に対する国民の権利」は、「幸福追求権」と呼ばれています。この幸福追求権は、個人尊重の原理にもとづく権利で、一般的・包括的な権利です。幸福追求権によって基礎づけられる個々の権利は、裁判所による救済を受けることができる具体的権利でもあります。

2 幸福追求権の意義と内容

憲法に明文の規定のない権利が幸福追求権から導かれるとはいっても、なんでもかんでも憲法一三条から引き出してよいわけではありません。あれもこれも憲法上の権利だと主張することは、かえってそれぞれの人権の価値を低める結果になるおそれがあるからです。したがって、憲法一四条以下の個別の人権規定が妥当しない場合に限って、一三条を適用することができると考えるべきでしょう（補充的保障ということです）。

幸福追求権をめぐっては、二つの学説が対置されています。

ひとつは、幸福追求権は、憲法一三条前段の「個人の尊重」を受けて保障されるものであるから、個人の人格的生存のために必要不可欠な権利・自由に限られると理解する学説で、人格的利益説あるいは人格的自律権説などと呼ばれています。こちらが通説になっています。

これに対して、個人の自由は広く保護されなければならないという観点から、服装、登山、飲酒、バイクの運転など、人の生活活動全般にわたって成立する一般的な行為の自由も幸福追求権の範囲に含まれると考える説があり、一般的行為自由説と呼ばれています。ただ、この二つの学説の対立が、どのような違いをもたらすのかは、あまり明確ではないという指摘もあります。人格的利益説の立場からも、服装や飲酒などの行為を制限するには、十分に実質的な合理的理由が求められると考えられているからです。

ところで、幸福追求権から導き出される人権には具体的にどのようなものがあるのでしょうか。よく耳にする権利としては、プライバシーの権利や環境権があります。さらに、平和的生存権、日照権、静穏権、眺望権、健康権、嫌煙権なども主張されています。しかし、裁判所は、幸福追求権からさまざまな新しい人権を導き出すのには消極的です。最高裁判決で認められた権利としては、プライバシーとしての肖像権（京都府学連事件）、前科をみだりに公開されない自由（前科照会事件）といったものがあります。以下では、とくにプライバシーの権利と自己決定権について説明しておきましょう（平和的生存権については第二章のコラム、環境権については第一二章を参照）。

3 プライバシーの権利

プライバシーの権利は、もともと、マス・メディアによって私事や私生活を公開されたり、暴露されることのない権利として主張されていました。いわば、「ひとりでいさせてもらう権利」、あるいは「そっとしておいてもらう権利」としてのプライバシー権です。

日本では、三島由紀夫が連載したモデル小説『宴のあと』が、モデルとされた人（元外務大臣）

のプライバシーの権利を侵害するかどうかが争われた事件があります。この事件の一審判決で、東京地裁は、「個人の尊厳という思想は、相互の人格が尊重され、不当な干渉から自我が保護されることによってはじめて確実なものとなるのであって、そのためには、正当な理由がなく他人の私事を公開することが許されてはならない」と述べ、「私事をみだりに公開されないという保障が、今日のマスコミュニケーションの発達した社会では個人の尊厳を保ち幸福の追求を保障するうえにおいて必要不可欠なものである」ことを認めました。そして、判決は、プライバシーの権利を「私生活をみだりに公開されないという法的保障ないし権利」と定義し、このような権利が侵害された場合には、侵害行為の差止めや損害賠償請求権が認められると述べました。さらに、判決は、プライバシー侵害の要件として、公開された内容が、①私生活上の事実または事実らしく受け取られるおそれのある事柄であること、②一般人の感受性を基準にして当該私人の立場に立った場合公開を欲しないであろうと認められる事柄であること、③一般の人びとにいまだ知られていない事柄であることを必要とするという三つの要件を提示し、結論として、プライバシーの権利の侵害があったとする判断を下しました（宴のあと事件・東京地判一九六四＝昭三九・九・二八）。じつは、この小説の中での「私生活」の描写は、作家の想像によるフィクションだったのですが、そのような場合であってもプライバシーの権利の侵害となると判断されたことが注目されます。

その後、国や行政機関がさまざまな個人情報を収集し、利用する時代になってくると、プライバシーの権利は、「自己に関する情報をコントロールする権利」、つまり、情報プライバシー権としても捉えられるようになります。今日では、私生活を公開・暴露されない権利としての側面に加え、個人情報の保護を公権力に対して積極的に請求していくという側面が重視されています。自己情報コントロール権としてのプライバシーの権利には、自己情報の収集・保存・利用・開示を阻止する権利のほか、自己情報の開示や閲覧を求める権利、その訂正を求める権利、さらには抹消を求めることのできる権利まで含まれると考えられています。ただ、具体的な請求権となるためには、その裏付けとなる法令がなければなりません。

なお、名誉に対する権利も幸福追求権の内容として捉えられることがあります。しかし、名誉毀損法制は、歴史的に、権力批判を封ずる言論弾圧法制として機能してきた点に注意する必要があります。とくに政治家などの公人に対する言論批判を妨げるために名誉に対する権利が援用されることがあり、これがいきすぎると民主主義が危険にさらされるおそれがあります。

4 プライバシーの権利と公権力

一九六九年の京都府学連事件・最高裁判決では、「プライバシーの権利」という言葉は明示されませんでしたが、公権力との関係で、「個人の私生活上の自由」が憲法上の権利として認められました。この事案では、犯罪捜査を目的とした警察による写真撮影が許されるかどうかが争われたのですが、最高裁は、憲法一三条は「国民の私生活上の自由が、警察権等の国家権力の行使に対しても保護されるべきことを規定」したものであって、「個人の私生活上の自由」として、「その承諾なしに、みだりにその容ぼう・姿態」を「撮影されない自由」があることを認め、「これを肖像権と称するかどうかは別として、少なくとも、警察官が、正当な理由もないのに、個人の容ぼう等を撮影することは、憲法一三条の趣旨に反し、許されない」と述べました（京都府学連事件・最大判一九六九＝昭四四・一二・二四）。

また、最高裁は、在留外国人に対する指紋押なつ制度をめぐる事件で、憲法一三条は「個人の私生活上の自由」として「みだりに指紋の押なつを強制されない自由」を保障していると述べました。この判決では、指紋が「性質上万人不同性、終生不変性をもつので、採取された指紋の利用方法次第では個人の私生活あるいはプライバシーが侵害される危険性がある」ことも指摘されています（最判一九九五＝平七・一二・一五）。

捜査対象車両に警察がひそかにＧＰＳ端末を取り付けて行うＧＰＳ捜査について、最高裁は、「個人の行動を継続的、網羅的に把握することを必然的に伴うから、個人のプライバシーを侵害し得るもの」であり、「個人の意思を制圧して憲法の保障する重要な法的利益を侵害するものとして、刑訴法上、特別の根拠規定がなければ許容されない強制の処分に当たる」と述べています（ＧＰＳ

捜査事件・最大判二〇一七＝平二九・三・一五）。

情報プライバシー権に関する裁判例としては、地方公共団体が前科や犯罪経歴の情報を第三者に開示した事件をめぐる裁判があります。最高裁は、憲法一三条には言及しませんでしたが、前科や犯罪経歴の情報は、「人の名誉、信用に直接にかかわる事項であり、前科等のある者もこれをみだりに公開されないという法律上の保護に値する利益」があると述べています。そのうえで、地方公共団体（区長）が弁護士の照会に安易に応じ、「犯罪の種類、軽重を問わず、前科等のすべてを報告する」行為は違法であるとされました（前科照会事件・最判一九八一＝昭五六・四・一四）。

住民基本台帳ネットワークシステム（住基ネット）は、氏名・生年月日・性別・住所・住民票コード・変更情報を含む本人確認情報を、市町村・都道府県・国の機関で共有して確認できるネットワークシステムです。このシステムがプライバシーの権利を侵害するかどうかが争われた事件で、最高裁は、憲法一三条が「個人の私生活上の自由の一つとして、何人も、個人に関する情報をみだりに第三者に開示又は公表されない自由を有する」としつつも、問題となっている本人確認情報は「個人の内面に関わるような秘匿性の高い情報とはいえない」とし、システム上の欠陥により情報が漏えいする具体的な危険はないこと、目的外利用は厳しく禁止されていること、監視機関が設置されていることなどにかんがみて、このシステムを合憲とする判決を下しています（住基ネット訴訟・最判二〇〇八＝平二〇・三・六）。なお、いわゆるマイナンバーについては、税や社会保障にかかわる個人情報であるだけに、住基ネットの本人確認情報以上に、慎重な取り扱いが求められることはいうまでもありません。

[5] 私人による個人情報の開示・公開

私人による個人情報の開示・公開がプライバシーの権利を侵害することもあります。とくにモデル小説の場合のように、表現の自由との調整が課題となることも少なくありません。

インターネット上の検索サービスは、わたしたちの日常生活に不可欠なものになりつつありますが、プライバシーの権利との関係で、検索結果（児童買春の罪での逮捕歴に関する記事が表示される）を削除することの可否が争われた事案が注目されます。最高裁は、「個人のプライバシーに属する事実をみだりに公表されない利益は、法的保護の対象となる」とする一方、検索事業者が「現代社会においてインターネット上の情報流通の基盤として大きな役割を果たしている」ことから、検索結果の削除を求めることは表現行為の制約となり、それが果たしている役割の制約にもなると述べました。そして、その事実を公表されない法的利益と、検索結果を公表する理由に関する事情を比較衡量して、「当該事実を公表されない法的利益が優越することが明らかな場合」には検索結果の削除を求めることができるとしたうえで、逮捕歴は「プライバシーに属する事実」にあたるものの、児童買春は社会的に強く非難されるものであり、「今なお公共の利害に関する事項」であること、検索語には氏名と居住する県名を併せなければならないことから、伝達範囲は限られていることなどを理由に、削除義務はないとする決定を下しています（グーグル検索削除中立事件・最決二〇一七＝平成二九・一・三一）。

早稲田大学が中国の江沢民国家主席を招いて講演会を開催するにあたって、出席を希望した学生の学籍番号、氏名、住所、電話番号が記された名簿を警察に提出した事件でもプライバシーの権利が問題になりました。この事件で、最高裁は、このような個人情報についても、「本人が、自己が欲しない他者にはみだりにこれを開示されたくないと考えることは自然なことであり、そのことへの期待は保護されるべき」であるとし、本人の同意を得る手続をとることなく、無断で個人情報を警察に開示した同大学の行為は、プライバシーを侵害すると判断しました（江沢民講演会事件・最判二〇〇三＝平一五・九・一二）。

6　自己決定権

自己決定権とは、一定の個人的な事項について、公権力から介入や干渉を受けることなく、各自が決定することのできる権利を意味します。幸福追求権の意義をめぐる学説で、人格的利益説をとる場合は、自己決定権の対象は、個人の人格的生存にかかわる重要な私的事項に限定されます。

自己決定権の具体的内容としてよくあげられるのは、①子どもを持つかどうかなど家族のあり方を決める自由、②へアスタイルや服装などのライフスタイルを決める自由、③自己の生命・身体の処分を決める自由などがあります。

このうち①については、避妊、妊娠中絶、生殖医療のあり方、代理母などの問題、結婚、離婚、家族構成にかかわる事項が含まれます。今日では、家族のあり方は多様化しており（海外では同性婚を認める国も少なくありません）、家族をめぐる問題は自己決定権の対象となると考えられています。

②については、中学や高校の校則による髪型の規制やバイクに乗る自由の規制などが裁判で争われています。下級審の判決には、結論において、パーマを禁止する校則は違法ではないとしながらも、憲法一三条によって「髪型を自由に決定しうる権利」が保障されると述べたものがあります（第九章のコラム参照）。

③については、尊厳死や安楽死、医療行為の選択などが問題になりますが、ここでは、「エホバの証人」輸血拒否事件を紹介しておきます。宗教上の信念からどんな状況でも輸血を拒否する固い意思をもち、輸血を拒否する旨を医師に明確に伝えていた患者に対して、医師が、他に救命手

段がない事態になったときは輸血をするという方針で手術をし、その結果、実際に輸血が行われてしまった事例です。最高裁は、輸血をともなう医療行為を拒否するという「意思決定をする権利」は、「人格権の一内容」として尊重しなければならないと述べ、医師がきちんと説明しなかったことで、「輸血を伴う可能性のあった本件手術を受けるか否かについて意思決定をする権利」が奪われてしまったと判断し、精神的損害の賠償を命じました（最判二〇〇〇＝平一二・二・二九）。この事件は、国の病院で起こったものですが、民間の病院でも、医師が医療行為を行うにあたっては、事前に医療内容等について患者に説明し、同意を得ること（インフォームド・コンセント）が求められています。

◆安楽死◆

日本でも、難病のALS患者に頼まれた医師が薬物を投与して死に至らしめるなど、安楽死をめぐる事件が発生しています。法整備がなされていないにもかかわらず、医師が安楽死やそれに類する行為を行うと、嘱託殺人罪や自殺幇助罪に問われることがあります。

東海大学安楽死事件の横浜地裁判決（確定）は、患者を苦痛から免れさせるために意図的・積極的に死を招く措置をとる積極的安楽死の要件として、次の四つの要件を示しました（横浜地判一九九五＝平七・三・二八）。①患者が耐えがたい肉体的苦痛に苦しんでいること、②患者は死が避けられず、その死期が迫っていること、

③患者の肉体的苦痛を除去・緩和するために方法を尽くし、他に代替手段がないこと、④生命の短縮を承諾する患者の明示の意思表示があること、といった要件です。なお、この事件は、末期がんの患者に塩化カリウムを投与し、患者を死に至らしめたとして、担当の医師が殺人罪に問われたもので、判決では、患者が昏睡状態で意思表示ができず、痛みも感じていなかったことから、これらの要件が満たされないと判断され、有罪判決が下されました（ただし、患者の家族の強い要望があったことなどから、情状酌量により刑の減軽がなされ、執行猶予が付されています）。

海外では、二〇〇一年に安楽死法を制定したオランダの例が有名です。それによると、①医師が患者による要請が自発的で熟考されたものであると確信していること、②医師が患者の苦痛は永続的で、かつ耐えがたいものであると確信していること、③医師が、患者の病状・予後について患者に情報提供をしていること、④医師および患者が、患者の病状の合理的解決策が他にないと確信していること、といった状況にある場合に、他の医師と相談したうえ、積極的に死期を早める安楽死を患者に対して行っても、その医師は刑事責任を問われないことになっています。これまで実際に安楽死を選択した人の大部分は、がんの患者でしたが、二〇二〇年三月、オランダの最高裁は、認知症が進行し意思表示が難しくなった患者についても、過去の合意にもとづいて、安楽死を実施できるという判決を下しました。

ベルギーやルクセンブルクでも同様の安楽死法が制定されています。ベルギーでは、二〇一九年、進行性の脊髄の病気に苦しんでいたパラリンピックの車いす陸上女子メダリストが安楽死を決断し、医師の投薬を受けて死亡したことがニュースになりました。自殺幇助が合法化されているスイスでは、無期限に刑務所に収容されている性犯罪者に安楽死を認めるかどうかが議論されているそうです。

第四章　平　等

1「形式的平等」と「実質的平等」

「人はみなその価値において等しい存在である」という平等の理念は、生まれによって人を差別する封建的身分制を否定し、近代立憲主義を確立する原動力になりました。一七七六年のアメリカ独立宣言の「すべての人は平等に造られ、造物主によって一定の奪うことのできない権利を与えられている」、あるいは、一七八九年のフランス人権宣言一条の「人は、自由、かつ、権利において平等なものとして生まれ、生存する」といった規定に、その理念が表明されています。

しかし、この時代において、平等とは、人びとが身分に束縛されず、ひとしくその人生をスタートできることを意味するものにすぎませんでした。機会の平等、あるいは、出発点の平等ということです。生まれた後の格差については、基本的に、その人個人の責任だと考えられていたのです。

一八世紀末から二〇世紀初頭にかけて、実際の社会には深刻な不平等が存在し、それが放置されていました。国家は、治安の維持や国防など、必要最小限のことをやっていればよいこととされ（このような国家のイメージは「自由国家」「消極国家」あるいは「夜警国家」と呼ばれています）、貧富の差は拡大する一方でした。憲法や人権宣言に「平等」がうたわれていても、それは、すべての人を法的に均一に取り扱いさえすればよいという「形式的平等」にとどまり、実際の不平等状態の是正は射程外だったのです。こうした形式的平等は、結果として個人の不平等をもたらし、激しい階級対立を招きました。

二〇世紀に入ると、ロシア革命や世界恐慌が勃発し、このような資本主義の矛盾を放置できない状況になります。そして、国家は、何もしないのではなく、積極的に介入することによって平等を実現するべきだという考え方が広まります（こうした二〇世紀的な国家のイメージは、「社会国家」「積極国家」「福祉国家」と呼ばれています）。

今日では、社会的・経済的弱者に対して、より厚く保護を与え、それによって他の国民と同等の自由と生存を保障していくことが要請されています。たんに機会をそろえるだけでなく、結果もそろえるということです。これが「実質的平等」の考えです。たとえば、低所得者に対して税負担を軽減したり、児童手当に所得制限を設けたり、災害の被災者に対して特別の支援措置をとったりすることは、実質的平等を実現するための措置として説明することができます。

2 アファーマティブ・アクション

実質的平等に関連して、ここで、アメリカなどで議論されているアファーマティブ・アクションに触れておきましょう。ポジティブ・アクションとも呼ばれていますが、歴史的に差別を受けてきた集団に対して、優先的な処遇を与えるといった積極的な差別是正措置のことです。アメリカでは、黒人に対する根深い社会的・構造的な差別があり、白人と同じスタートラインに立つことすら容易ではありません。そこで、大学入学や雇用などの場面で優先的な処遇を与えることが立法などを通じて進められてきたのです。

しかし、アファーマティブ・アクションは、ある集団を、その集団に属するという理由だけで優遇することになりますので、その集団以外の人、たとえば白人側からすると「逆差別」だといわれる可能性もあります。ただ、こうした措置は、その集団に対する差別が構造的なものになってしまっている場合、機会の平等を回復し、合理的な平等を実現するものとして正当化されると考えられています。

日本では、女性のみに入学を認める国立大学があります（お茶の水女子大学や奈良女子大学）。また、九州大学が、以前、理学部数学科の一般入試で「女性枠」を設け、定員九名のうち五名を女性に割り当てるクオータ制を導入しようとしましたが、男性に対する逆差別ではないかという批判があり、結局撤回されました。アメリカでは、成績を基本としつつ、人種を加点要素として考慮するロースクールの入試制度が合憲と判断された例があります。

3 日本国憲法の平等原則

明治憲法には、日本国憲法のような一般的な平等原則の規定はありませんでした。公務就任資格の平等を保障する条文は置かれていましたが、特権階級には政治的特典が与えられ、参政権や民法には、著しい男女間の不平等がありました。

これに対して、日本国憲法は、一四条一項で法の下の平等の基本原則を宣言し、貴族制度の廃止（一四条二項）、栄典にともなう特権の禁止（同三項）、普通選挙の一般原則（一五条三項）、選挙人の資格の平等（四四条）、夫婦の同等と両性の本質的平等（二四条）、教育の機会均等（二六条）といった個別的な規定を設けています。

4　平等原則は立法者を拘束するか？

日本国憲法一四条一項は、「すべて国民は、法の下に平等であつて、人種、信条、性別、社会的身分又は門地により、政治的、経済的又は社会的関係において、差別されない」と定めています。ここで、「法の下に」平等というのは、どういう意味なのかが問題になります。

ひとつの考え方として、ここでの平等とは、基本的に、法の適用についての平等、つまり、法を執行し、適用する行政権や司法権が、人びとを差別してはいけない、ということを意味するのだという考えがあります。平等原則は、立法者を拘束するものではなく、法の内容にまでかかわるものでもないとして、限定的に捉える立場です。立法者非拘束説、あるいは、法適用平等説と呼ばれています。戦前のヨーロッパ（ドイツやフランス）では、このような考え方が支配的でした。

もうひとつの考え方は、憲法一四条一項の規定は、一般的に立法者をも拘束すると考えるもので、法の適用だけでなく、法そのものの内容も平等原則にしたがって定立されるべきだといいます。今日ではこちらが通説で、立法者拘束説とか法内容平等説と呼ばれています。たしかに、国会が制定した法律の内容に不平等な取扱いが定められていれば、たとえどれだけそれを平等に適用しても、平等は実現されないでしょう。この説に立つ場合、法の内容が平等原則にしたがっているかどうかをチェックする必要がありますので、法内容平等説は、制度的には、違憲立法審査制と結びつくことになります。

5 相対的平等

日本国憲法が求めている平等は、一律にすべての人に対して、まったく同じ取り扱いをする絶対的平等・機械的平等ではありません。絶対的平等の考え方からすると、二〇歳以上の人には飲酒や喫煙を認め、二〇歳未満の人にはそれを禁止するのは許されないことになります。

そこで、それぞれの人の事実上の差異に応じて、異なった法的取り扱いをすることも認める相対的平等が憲法の要求する平等だと捉えられています。「等しいものは等しく取り扱う」「等しくないものは等しくなく取り扱う」ということです。法の下の「平等」とは、さまざまな事実的・実質的差異が存在することを前提にして、法の与える特権の面でも法の課する義務の面でも、同一の事情と条件の下では均等に取り扱うことを意味するものです。

最高裁も、憲法一四条一項は「国民に対し絶対的な平等を保障したものではなく、差別すべき合理的な理由なくして差別することを禁止している趣旨と解すべきであるから、事柄の性質に即応して合理的と認められる差別的取扱をすることは、なんら右各法条の否定するところではない」

と述べています（最大判一九六四＝昭三九・五・二七）。

しかし、ここで「合理的な理由」のある差別的取扱いとして許されるのはどのような場合なのかが問題になります。もちろん、恣意的な差別は許されませんが、たとえば、労働条件について女性を優遇したり、未成年者について特定の法律を適用したり、所得に応じて税額や給付に差を設けることは、一般に憲法上許されると考えられています。

6 平等の具体的内容

日本国憲法一四条一項の後段では、「人種、信条、性別、社会的身分又は門地により、政治的、経済的又は社会的関係において、差別されない」と具体的な差別事由が記されています。それでは、これ以外の事由による差別（たとえば、学歴や年齢による差別）は、憲法上許されるのでしょうか。

通説は、憲法一四条一項後段の規定は、前段の平等原則を例示的に説明したものであって、ここに列挙されている事項に当てはまらなくても、不合理な差別的取扱いは前段の原則によってすべて禁止されるとしています。「例示説」と呼ばれる考え方です。

他方で、憲法一四条一項後段は、たんなる例示ではなく、とくに差別が許されない事由を列挙したものだと主張する学説もあります。ここに列挙されている事由は、人の生まれによって決定され、本人の努力ではどうすることもできないような事柄（人種や性別）や、民主制の存立の根幹にかかわる重要な事柄であるから、特段な事情のないかぎり憲法の禁止する差別にあたると考える説です。

単純な例示説によらない場合、後段に列挙されている事由の意味が問題になります。以下で、それぞれ見ていくことにしましょう。

人　種

人種とは、「人間の生物学的な特徴による区分単位」（広辞苑）で、白色人種、黄色人種、黒色人種など、皮膚の色などの形質で分類されています。アメリカの黒人差別は、この意味での人種差別の典型だといえるでしょう。さらに、生物学的な人種だけではなく、民族（エスニシティ）、つまり、「文化の伝統を共有することによって歴史的に形成され、同属意識をもつ人々の集団」（広辞苑）も、ここでいう人種に含むものとされています。

人種による差別は、それが正当化される余地はほとんどありません。人種差別的な立法は、その合憲性が最も厳格な基準によって司法審査されるべきものと考えられます。かつて、アメリカの公立学校には、人種別の学級が存在していましたが、裁判所によって違憲判決が下されています。また、在日朝鮮・韓国人が、日本国籍を取得した後も、朝鮮・韓国の言語や文化的様式に則って生活している場合、それを根拠に異なった取り扱いが行われるとするならば、ここでいう人種による差別にあたるものと考えられます。

信　条

信条とは、歴史的には宗教上の信仰・教義を意味していましたが、今日では、広く思想上・政治上の主義を含むものとされています。信条が内心の領域にとどまるものであるかぎり、思想・良心の自由の保障規定（一九条）との関係からいっても、絶対的に保障されなければなりません。したがって、信条を理由とする差別は、人種による差別に準ずるものとして厳格な司法審査に服するべきものと考えられます。

性　別

明治憲法の時代は、さまざまな法律上の女性差別が存在していました。女性には参政権が与えられておらず、妻の不貞のみを処罰する姦通罪、妻の法律上の無能力を定めた民法の規定が置かれていました。戦後、女性に参政権が与えられ、刑法や民法も改正されましたが、なお、女性にのみ一定期間の再婚を禁止する規定や、夫婦が同一の氏を称することを強制する規定が民法には残っています。

一九八一年に発効した女子差別撤廃条約（一九八五年批准）は、国籍法改正（一九八四年）や男女雇用機会均等法（一九八五年）の制定のきっかけとなりました。改正以前の国籍法では、出生の時に父が日本人である場合に日本国籍を取得するという「父系血統主義」がとられていたのですが、この改正によって、日本国籍の女性から生まれた子どもも、日本国籍をもつことができるようになりました（父母両系血統主義）。

社会的身分

社会的身分とは、広くは、人が社会において占めている地位のことです。「身分」という言葉は、ある程度長期にわたって続いている地位を意味するようにも考えられます。社会的身分を、より狭く捉え、出生によって決定される社会的地位・身分とする狭義説もあります。

門地

門地とは、家系や血筋といった家柄のことで、社会的身分のひとつでもあります。貴族制度は門地による差別にあたりますので、憲法一四条一項後段によって禁止されますが、一四条二項でも絶対的に禁止されています。天皇や皇族も門地にあたりますが、世襲の天皇制は、日本国憲法自身が認める例外となっています。

7 刑法の尊属殺重罰規定

平等原則をめぐっては、これまでたくさんの裁判が起こされてきました。実際の裁判で使われる日本国憲法の条文の中では、この一四条がもっとも多く使われているそうです。それゆえ、平等に関する重要な判例は少なくありません。そのひとつが、刑法の尊属殺の規定を違憲とした一九七三年の最高裁判決（最大判一九七三＝昭四八・四・四）です。

かつて、刑法には、一定の犯罪について、自己または配偶者の直系尊属（父母・祖父母など）に対するものの法定刑を重くする規定が置かれていました。「自己又ハ配偶者ノ直系尊属ヲ殺シタル者ハ死刑又ハ無期懲役ニ処ス」としていた旧二〇〇条がそうです。これに対して、普通殺人の法定刑については、刑法の現行規定では「人を殺した者は、死刑又は無期若しくは五年以上の懲役に処する」（一九九条）となっています。このように、尊属殺を特別に扱い、重罰を科すことが、「社会的身分」による不合理な差別にあたるかどうかが問題になりました。

最高裁判決は、実父に夫婦同様の関係を強いられてきた被告人（娘）が、虐待にたまりかねて実父を殺害した事件について、刑法二〇〇条を違憲無効とし、一九九条の普通殺人罪の規定を適用しました。ただし、違憲の理由については、多数意見と少数意見に分かれました。多数意見は、尊属に対する尊重報恩という道義を保護するという立法目的は合理的であるけれど、「死刑または無期懲役」という刑の加重の程度が極端であって、立法目的を達成する手段が不合理であるとしていました。他方で、少数意見は、そもそも立法目的自体が違憲で、尊属殺重罰規定を設けることは許されないという立場です。つまり、加重の程度にかかわりなく、子であるという「社会的身分」によってこのような差別をすることは憲法一四条違反だということです。

この違憲判決の後、尊属殺人事件については、刑法二〇〇条ではなく、一九九条が適用されるようになりましたが、刑法二〇〇条は削除されず、条文の上ではずっと残っていました。多数意見にしたがうならば、立法目的自体は合憲だから、刑法二〇〇条を削除せずに尊属殺の法定刑を引き下げるという選択肢も残っていたからです。最終的には、一九九五年に刑法が改正されて口語化されたときに、この刑法二〇〇条は削除されました。また、刑法二〇五条二項の尊属傷害致死罪の規定も同時に削除されました。

8 女性の再婚禁止期間

民法には、「女は、前婚の解消又は取消しの日から六箇月を経過した後でなければ、再婚をすることができない」(旧七三三条一項)という規定が置かれていました。女性についてのみ、六か月の再婚禁止期間が設けられていたのです。この規定のために、婚姻の届出の受理が遅れ、精神的な損害を被ったとして、ある男女が、国会や内閣の立法不作為(この民法の規定を改廃しないこと)について国家賠償を請求しました。最高裁は、一九九五年の判決で、この規定の立法趣旨は「父性の推定の重複を回避し、父子関係をめぐる紛争の発生を未然に防ぐことにある」とし、立法不作為の成立は認めませんでした。ヒトの妊娠期間は約二七〇日とされていますが、女性が離婚した直後に再婚すると、再婚から二〇〇日経過した後に出産し、その子が後婚の夫との推定を受ける場合に、同時に前婚の夫の子との推定を受けることがあります(民法七七二条一・二項)。このような嫡出推定の重複を回避して、父子関係をめぐる紛争を防ごうというのが民法七三三条の趣旨だというのです(最判一九九五＝平七・一二・五)。

その後、別の事件で、最高裁は、民法七三三条の立法趣旨は正当としながらも、嫡出推定の重複を避ける手段としては、再婚禁止期間を離婚後一〇〇日とすれば足りるから、それを超える部分は合理性を欠く過剰な制約であって、憲法一四条一項・二四条二項に違反するという判決を下しました（最大判二〇一五＝平二七・一二・一六）。この判決を受けて、民法が改正され、再婚禁止期間は一〇〇日に短縮されました。しかし、今日ではＤＮＡ鑑定で簡単に父子関係を判定できるので、再婚禁止期間の必要性自体を疑問視する意見も少なくありません。

9　非嫡出子（婚外子）の法定相続分規定

民法は、非嫡出子の法定相続分を嫡出子の半分とするという規定を置いていました（九〇〇条四号ただし書）。当初、最高裁は、民法が法律婚主義を採用している以上、法律婚の尊重と非嫡出子の保護の調整をはかったこの規定の立法理由には合理的根拠があって、非嫡出子の法定相続分を嫡出子の半分としたことが立法理由との関連で著しく不合理であるとはいえない、としてこれを合憲とする決定を下していました（最大決一九九五＝平七・七・五）。しかし、この最高裁決定では、五人の裁判官がこの規定は違憲だとする反対意見を支持しました。非嫡出子であることは、本人には何ら責任がなく、本人の努力によってどうすることもできないことであり、自己の意思にもとづかない出生のみによる差別は、不合理な差別にあたると考えられるからです。

その後、最高裁は、二〇一三年の決定では、全員一致で九〇〇条四号ただし書を違憲と判断するにいたりました。婚姻や家族の実態が変化し、そのあり方に対する国民の意識が変化したこと、立法に影響を与えた諸外国の状況も大きく変化したことなどの事情を総合的に考察すれば、「父母が婚姻関係になかったという、子にとっては自ら選択ないし修正する余地のない事柄を理由としてその子に不利益を及ぼすことは許されず、子を個人として尊重し、その権利を保障すべきであるという考えが確立されてきている」として、遅くとも、この事件の相続が開始した二〇〇一年（平成一三年）七月当時には憲法一四条一項に違反するものになっていた、と判断したのです（最大決二〇一三＝平二五・九・四）。しかし、最高裁は、これより前に出された判例は変更せず、最後の合憲決定（最決二〇〇九＝平成二一・九・三〇）も維持しています。また、最高裁は、二〇〇一年七月以降、この決定が出された二〇一三年九月までの間は、法的安定性と平等の要請を調整するために、この間に確定的となった法律関係にはこの決定は影響を及ぼさないと述べています。この決定を受けて、民法九〇〇条四号が改正され、現在では、嫡出子と非嫡出子の法定相続分は同等になっています。

ちなみに、これらの法定相続分をめぐる事件では、耳慣れた「判決」ではなく、「決定」が下されています。「判決」と「決定」は、どう違うのでしょうか。どちらも「裁判」であることは同じで、裁判所において下されるものですが、判決にくらべて、決定はより簡易な手続（口頭弁論が任意になるなど）で進められます。遺産分割をめぐり、相続人の間で話し合いがまとまらないときには、裁判所に遺産分割の審判を申し立てることができ、裁判所は審判手続により決定を下します。

10 生後認知子の国籍取得差別

国籍法二条一号は、「出生の時に父又は母が日本国民であるとき」、その子は、日本国籍を取得すると定めています。父と母が婚姻していない非嫡出子の場合、父より胎児認知を受けていれば日本国籍を取得できますが、生後認知の場合は、これに該当しないとされていました。また、国籍法旧三条一項は、出生の時に父または母が日本人であった場合、出生後に「父母の婚姻及びその認知により嫡出子たる身分を取得した子」（このような場合を「準正」といいます）は、その旨を法務大臣に届け出ることによって日本国籍を取得すると定めていました。なお、母が日本人で父が外国人である場合は、父母の婚姻の有無にかかわらず、子は出生時に日本国籍を取得します。

そこで、生後認知を受けたけれども、日本人の父と外国人（フィリピン国籍）の母が婚姻せず、国籍を取得できない子が、国籍取得に準正を要件とする国籍法旧三条一項は憲法一四条一項に違反するものであることを理由に、日本国籍を有することの確認を求めて裁判を起こしました。

最高裁は、日本国民である父によって出生後に認知された子について、「日本国民との法律上の親子関係の存在に加え」、父母の婚姻にともなう家族生活を通じた「我が国との密接な結び付き」が生じることを求める国籍法旧三条一項の立法目的には合理的な根拠があるとしました。しかし、今日では、両親の婚姻のみが「日本国籍を与えるに足りるだけの我が国との密接な結び付き」を生むとするのは、家族生活などの実態には適合せず、また、国籍法旧三条一項の「差別的取扱いによって子の被る不利益は看過し難いもの」であることから、「立法目的との間に合理的関連性を見いだ」すことは困難であると述べ、国籍取得要件に準正を課すことは違憲無効であって、残りの要件を満たせば国籍は取得されるとする判決を下しました（最大判二〇〇八＝平二〇・六・四）。

この判決を受けて、国籍法三条は改正され、現在では、生後認知の届出によって日本国籍を取得できるようになっています。

◆同性婚をめぐる動き◆

近年、海外では同性婚を認める動きが急速に進んでいます。オランダでは二〇〇一年に、フランスでは二〇一三年に、イギリスでは二〇一四年（北アイルランドのみ二〇二〇年）に、ドイツでは二〇一七年に、それぞれ同性婚を認める立法が実現しました。

アジアでも、台湾において、同性婚を認めない民法は憲法違反であるとする判決が下された後、二〇一九年に同性婚を認める法律が制定されました。また、アメリカでは、二〇一五年に同性婚を禁止することは違憲であるとする連邦最高裁の判決が出されています。海外では、首相や首都の市長がみずから同性愛者であることを公言することも珍しくありません。

日本では、二〇一五年に同性パートナーシップ制度を導入した東京都渋谷区と世田谷区を皮切りに、地方自治体レベルで活発な動きがみられますが、同性婚が法制化されるにはいたっていません。学説においては、同性婚は憲法上禁止されているとする禁止説と許容説が存在します。同性婚禁止説は、憲法二四条が「婚姻は、両性の合意のみに基いて成立し」と定めていることから、婚姻は男女間のみでしか成立しないと主張しています。これに対して、同性婚許容説は、同性婚を禁止するのは憲法一三条を根拠とする婚姻の自由の侵害にあたるとし、また、憲法二四条が「両性の合意のみ」としているのは、親などの第三者の同意がなければ婚姻が成立しないという戦前の家制度を排除する趣旨のものであって、あえて同性婚を禁止した規定ではないと主張しています。なお、自由権規約委員会は、二〇一四年に、日本に対して「性的指向及び性別認識を含む、あらゆる理由に基づく差別を禁止する包括的な反差別法を採択し、差別の被害者に、実効的かつ適切な救済を与えるべき」ことを求めました。

第五章　思想・良心の自由

1 思想・良心の自由を保障する意義

日本国憲法一九条は、「思想及び良心の自由は、これを侵してはならない」と定めています。諸外国の憲法においては、このように独立の条文で思想・良心の自由を保障している例は、とても少ないといわれています。欧米諸国の憲法では、良心の自由は、信教の自由と一体をなすものとして保障されるのが一般的です。

日本においては、明治憲法時代に、特定の思想が弾圧され、内心の自由そのものが侵害された歴史があります。その深い反省から、憲法一九条で思想・良心の自由をとくに保障することになり、これが精神的自由に関する一連の規定の冒頭に置かれています。

憲法一九条が保障する「思想」と「良心」の意味については、一体として捉えるべきであり、とくに区別する必要はないと考えられています。もっとも、憲法一九条の保障範囲については、①人の内心におけるものの見方ないし考え方を広く意味すると解する「内心説」と、②世界観や人生観などの個人の人格形成にかかわる内面的精神作用に限定する「信条説」が説かれてきました。

2 思想・良心の自由の保障の意味

思想・良心の自由を「侵してはならない」というのは、どういうことなのでしょうか。

その第一の意味は、どんな思想や世界観をもっていたとしても、それが内心の領域にとどまる限りは、絶対的に自由であるということ、そして、国家は、内心の思想を理由として不利益を課したり、特定の思想をもつことを禁止したりすることはできないということです。たとえ反倫理的、反社会的な思想であっても、少なくとも内心の思想にとどまる限りは処罰を受けることはないと考えられます。戦後の占領下で、ＧＨＱの指令によって、共産主義者やその同調者とみなされた人が公職や民間の職場から排除される事件がありました（レッド・パージといわれます）が、これは内心の思想を理由とする不利益取扱いの代表例です。

思想・良心の自由が保障されることの第二の意味として、どのような思想をもっているかについて、国家がその告白を要求したり、推知したりすることは許されません。思想についての「沈黙の自由」が保障されるのです。江戸時代のキリスト教禁教期に、潜伏キリシタンを発見するため、人びとにキリストやマリア像の絵や木板などを踏ませる「絵踏」が行われましたが、こうした手法は、内心の推知にあたります。

さらに、国家が特定の思想・良心を教育したり、奨励したりすることも禁止されます。公共交通機関の利用者が、車内放送・掲示などで、否応なくメッセージの受け手たらざるを得ない状況に置かれている場合において、国が特定の思想を宣伝する行為も、思想・良心の自由を侵害する可能性があります（「囚われの聴衆」）。

3 謝罪広告の強制は許されるか

思想の「沈黙の自由」との関連で、新聞紙などでの謝罪広告を強制することができるかどうかが問題になります。民法七二三条は、「他人の名誉を毀損した者に対しては、裁判所は、被害者の請求により、損害賠償に代えて、又は損害賠償とともに、名誉を回復するのに適当な処分を命ずることができる」と規定しており、しばしば謝罪広告の掲載が命じられてきました。

謝罪の意思がない者に謝罪広告の掲載を強制することは、憲法一九条に違反するかどうかが争われた事件で、最高裁は、「単に事態の真相を告白し陳謝の意を表明するに止まる程度」の謝罪広告を新聞紙に掲載することを命じることは、良心の自由を侵害するものではないとする判決を下しました（最大判一九五六＝昭三一・七・四）。ただし、この最高裁判決には、事物の是非弁別の判断に関する事項の外部への表現を判決で命ずることや、謝罪・陳謝という倫理的な意思の公表を強制することは、良心の自由を侵害し、憲法一九条に違反するという反対意見がつけられており、これを支持する見解も有力です。

4 外部的行動と内心の関係

思想・良心の自由は、内心の領域にとどまる限りは絶対的に保障されますが、その内心が外部に何らかの行動として表出されると、制約の対象になります。しかし、外部的行動と内心は密接なつながりがあるため、外部的行動の制約が内心の制約になる場合が少なくありません。

外部的行動と内心との間に密接な関係があることは、最高裁も認めています。私人間での事例ですが、民間企業が労働者の雇入れに際して、学生運動へ参加した事実などの申告を求めたことが憲法一九条違反になるかどうかなどが争われた事件があります。その最高裁判決は、「元来、人の思想、信条とその者の外部的行動との間には密接な関係」があり、学生運動への参加という行動は、かならずしもつねに特定の思想、信条に結びつくものではないが、「多くの場合、なんらかの思想、信条とのつながりをもっていることを否定することができない」と述べています。ただし、この事件については、憲法の人権規定は私人間に直接適用されるものではないこと、企業には雇入れの自由があり、思想・信条を理由として雇入れを拒んでも違法とはいえないことから、こうした調査は法律上禁止された行為ではないとする判決が下されました（三菱樹脂事件・最大判一九七三＝昭四八・一二・一二）。

高校受験に際し、在学していた公立中学校から提出された内申書（調査書）の記載が理由で、受験したすべての高校に不合格になったことが争われた事件でも、外部的行動と内心の関係が問題になりました。内申書に、「校内において麴町中全共闘を名乗り、機関誌『砦』を発行した」とか、「大学生ML派の集会に参加している」といった記載があったからです。しかし、最高裁は、内申書の「記載に係る外部的行為」によっては、当該受験生の「思想、信条を了知し得るものではない」として、憲法一九条違反の主張を退けました（麴町中学内申書事件・最判一九八八＝昭六三・七・一五）。

5 公立学校における国旗・国歌問題

公立学校の教員が、その意思に反して、国旗に向かって起立して君が代の斉唱を義務付けられたり、音楽科の教員が、君が代のピアノ伴奏を行うよう職務命令を受けたりすることが、思想・良心の自由の侵害にあたるかどうかが問題になります。

最高裁は、前者については、起立斉唱行為は国旗や国歌に対する「敬意の表明の要素を含む」から、それに応じがたいと考える教員が起立斉唱を命じられることは、思想および良心の自由への「間接的な制約」になることを認めました。しかし、この職務命令は、必要かつ合理的なものであるとして、こうした制約を行うことも許されるとの結論にいたっています（最判二〇一一＝平二三・五・三〇）。

ピアノ伴奏事件については、最高裁は、ピアノ伴奏と君が代に関する歴史観・世界観とは一般的には不可分に結びつくものではないから、この職務命令は歴史観・世界観それ自体を否定するものではなく、また、「入学式の国歌斉唱の際に『君が代』のピアノ伴奏をするという行為自体は、音楽専科の教諭等にとって通常想定され期待されるものであって、上記伴奏を行う教諭等が特定の思想を有するということを外部に表明する行為であると評価することは困難」であるとして、職務命令は憲法一九条に違反するものではないとする判決を下しました（最判二〇〇七＝平一九・二・二七）。

◆たたかう民主制◆

憲法そのものを否定する思想や、民主主義を否定するような思想も、思想の自由によって保障すべきなのでしょうか。通説によると、日本国憲法のもとにおいては、思想そのものは絶対的に保障されるべきであって、民主主義を否定する思想であっても、思想にとどまる限りは制限を加えることはできないと考えられています。

かつてナチズムを経験したドイツでは、民主制はそれ自身を否定する者に対してまでは寛容ではありえず、それを攻撃する者から自らを守らなければならない、という「たたかう民主制」の考えが、憲法（ドイツでは「基本法」といいます）の中に具体化されています。その一八条は、「意見表明の自由、とくに出版の自由」などを「自由で民主的な基本秩序に敵対するために濫用する者は、これらの基本権を喪失する」と規定しています。また、基本法九条は「憲法的秩序もしくは諸国民間の協調の思想」に反するような団体を禁止し、二一条では、政党の中で「自由で民主的な基本秩序を侵害もしくは除去し、またはドイツ連邦共和国の存立を危うくすることをめざすものは、違憲である」と定められています。この規定にもとづき、一九五二年には、ナチスの流れをくむと考えられた政党が違憲と判断され、一九五六年にはドイツ共産党を違憲とする判断を連邦憲法裁判所が下しています。

第六章　信教の自由

1 信教の自由の歴史

信教の自由は、良心の自由とともに、中世ヨーロッパにおける宗教的自由を求める激しい抗争から生まれ、精神的自由の基盤をなすものとして理解されています。欧米の人権宣言や憲法のほとんどが信教の自由の保障をうたっています。

明治憲法も信教の自由を保障していましたが、「安寧秩序ヲ妨ケス及臣民タルノ義務ニ背カサル限ニ於テ」(二八条)という制限をともなっていました。しかも、他の自由権とは違って「法律の留保」がつけられていなかったので、わざわざ法律によらなくても、勅令によって信教の自由を制限することができるという解釈さえ成り立つ余地がありました。

実際においても、「神社は宗教にあらず」と説明され、神社神道は事実上の国教として扱われていました。神職には官公史の地位が与えられ、神社のうち官弊社（明治神宮、平安神宮、春日大社、出雲大社など）と国弊社（鎌倉の鶴岡八幡宮など）は国庫の負担になりました。キリスト教や大本教（神道系の新宗教）などの宗教は厳しい弾圧を受け、一般国民にも神社参拝が強制されました。このように、明治憲法で保障された信教の自由は、神社神道の国教的地位と両立する限度において認められたにすぎなかったのです。

こうした状況を前提に、ポツダム宣言は、「言論、宗教及思想ノ自由並ニ基本的人権ノ尊重ハ確立セラルベシ」と要求し、日本に対して宗教の自由の確立を命じました。そして、連合国軍総司令部は、一九四五年一二月一五日に「神道指令」を発して、神社神道を国家から完全に分離すること、神道を含むすべての宗教から軍国主義的・超国家主義的思想を除去することなどを命じました。このような歴史的経緯をふまえて、日本国憲法では、信教の自由を厚く保障すると同時に、国家と宗教の分離を明確に定めることになったのです。

ところで、信教の自由が保障の対象にする「宗教」とは何かが問題になります。ある下級審判決は、「超自然的、超人間的本質（すなわち絶対者、造物主、至高の存在等、なかんずく神、仏、霊等）の存在を確信し、畏敬崇拝する心情と行為」と広く定義しています（津地鎮祭訴訟・名古屋高判一九七一＝昭四六・五・一四）。このように宗教の定義を広く捉えるのが一般的ですが、政教分離原則の場合は、宗教を広く捉えると厳格な分離ができなくなるという問題があります。そこで、国家からの分離を求められる宗教とは、「何らかの固有の教義体系を備えた組織的背景をもつもの」と限定して理解する見解が有力です。

2 保障の内容

日本国憲法二〇条一項は、「信教の自由は、何人に対してもこれを保障する」と定めています。信教の自由の保障の内容として、①内心における信仰の自由、②宗教的行為の自由、③宗教上の結社の自由の三つがあげられます。

①の内心における信仰の自由とは、特定の宗教を信仰する自由、または信仰しない自由、信仰する宗教を選択したり、変更したりすることについて任意に決定する自由を意味します。これにより、信仰告白の自由（信仰を強制的に告白させられない自由）、信仰・不信仰のいかんによって特別の利益や不利益を受けない自由、親が子どもに自己の好む宗教を教育し自己の好む宗教学校に進学させる自由、宗教的教育を受けまたは受けない自由も、信仰の自由から派生することになります。

国家が特定の宗教を正統的なものとし、国民に対してそれを信仰すべきことを強制したり、勧奨したりすることは禁止されます。国教を樹立することも当然に禁止されます。内心における信仰の自由は、思想・良心の自由の場合と同じく、絶対的に保障されるものとなっています。

②の宗教的行為の自由は、信仰に関して、個人が単独で、または他の者と共同して、礼拝や祈祷、宗教上の祝典、儀式、行事、布教などの行為を行ったり、それに参加したりする自由を意味します。宗教的行為の自由には、このような行為に参加しない自由も含まれます。憲法二〇条二項では、「何人も、宗教上の行為、祝典、儀式又は行事に参加することを強制されない」と定められています。

③の宗教上の結社の自由は、特定の宗教を宣伝したり、共同で宗教的行為を行うことを目的とする団体を結成する自由を意味します。また、宗教団体が活動する自由、宗教団体に加入する自由、宗教団体に加入しない自由も含まれます。

3 信教の自由の限界

信教の自由は、内心の信仰に関するかぎり、絶対無制約ですが、信仰の表明としてなされた特定の行為が、他人に対して現実的・具体的な害悪を及ぼす場合には、その行為を規制することは許されます。しかし、その制約によって、内心の信仰自体までも規制される結果にならないよう慎重な配慮が求められるといえるでしょう。宗教的行為は、多くの場合、内面的な信仰や宗教的信念と深くかかわっており、それにもとづいてその行為が行われるからです。内心の信仰と宗教的行為の保護領域は、現実には重なり合っているのです。

宗教的行為に関しては、ある僧侶が、精神病者の近親者から平癒祈願の依頼を受け、線香護摩による加持祈祷を行い、その熱さで身をもがく被害者を殴打したりした結果、死に至らせた事案において、傷害致死罪が成立するかどうかが問われた例があります。最高裁は、宗教的行為だとしても「他人の生命、身体等に危害を及ぼす違法な有形力」を行使することは、「著しく反社会的」で「信教の自由の保障の限界を逸脱した」ものであり、処罰されても違憲とはいえないとする判決を下しています（加持祈祷事件・最大判一九六三＝昭三八・五・一五）。

4 牧会活動事件

教会牧師が、建造物侵入などの事件の犯人として警察が捜査中だった高校生を約一週間にわたり教会内に宿泊させた行為について、犯人蔵匿罪に問われた事案があります。神戸簡易裁判所は、牧会活動（魂への配慮を通じて社会に奉仕する活動）は、「礼拝の自由にいう礼拝の一内容」をなし、外面的行為であるが、その制約が結果的に「内面的信仰の自由を事実上侵すおそれが多分にあるので、その制約をする場合は最大限に慎重な配慮」が必要であると述べました。そして、この事案における牧会活動は、「専ら被告人を頼って来た両少年の魂への配慮に出た行為」であり、目的において相当な範囲にとどまり、手段方法も相当であったので、「全体として法秩序の理念に反するところがなく、正当な業務行為として罪とならない」として無罪判決が下され、この判決が確定しています（牧会活動事件・神戸簡判一九七五＝昭五〇・二・二〇）。この判決は、牧会活動という外部的行為と内面における信仰の自由とが深いかかわりをもつことを重視して信教の自由を保護しようとしたものといえるでしょう。

5 剣道実技拒否事件

「エホバの証人」を信仰する市立高等専門学校の学生が、信仰上の理由から格技である剣道実技を拒否したため、必修科目である体育の修得認定を受けられず、二年連続で進級拒否処分となり、さらに退学処分を受けたため、これらの処分の取消しを求めて裁判が起こされました。一審の神戸地裁判決（神戸地判一九九三＝平五・二・二二）では、剣道に代替する単位認定の措置をとると、信教の自由を理由とする有利な扱いをすることになるから、公教育の中立性に抵触するおそれがあるとされ、学生側は敗訴しました。

これに対して、最高裁は、以下の理由で、学校側の処分は「社会観念上著しく妥当を欠く処分」であり、「裁量権の範囲を超える違法なもの」であるとして、逆に、学生側の訴えを認める判決を下しました。最高裁判決では、その理由として、「剣道実技の履修が必須のものとまではいい難く、体育科目による教育目的の達成は、他の体育種目の履修などの代替的方法によって」も性質上可能であること、学生の剣道実技への参加拒否の理由は「信仰の核心部分と密接に関連する真しなもの」で、その被る不利益はきわめて大きいこと、他の学生に不公平感を生じさせないような適切な方法で代替措置をとることが、「その目的において宗教的意義を有し、特定の宗教を援助、助長、促進する効果を有するものということはできず、他の宗教者又は無宗教者に圧迫、干渉を加える効果があるともいえない」こと、などがあげられています（剣道実技拒否事件・最判一九九六＝平八・三・八）。

6 政教分離の原則

信教の自由は、伝統的な人権として各国の憲法で保障されていますが、政教分離の原則も、信教の自由と密接不可分の関係にあります。国家と特定の宗教が結びつくことは、個々人（とくに宗教的少数者）の信教の自由に対する圧迫となります。信教の自由を確立するには、国家の非宗教性・宗教的中立性を確保し、国家の世俗化を実現することが必須の前提なのです。ただし、国家と宗教の関係は、それぞれの国の歴史的背景や宗教事情を反映し、多様性が見られます。

政教分離の主要な形態として、三つのタイプがあります。①国教制度を建前とし、国教以外の宗教について広汎な宗教的寛容を認め、実質的に宗教の自由を保障するもの（イギリス型）、②国家と宗教団体とを分離させせながら、国家と教会とは各々その固有の領域において独立であることを認め、競合する事項については政教協約（コンコルダート）を結び、それにもとづいて処理すべきとするもの（イタリア・ドイツ型）、③国家と宗教とを厳格に分離し、相互に干渉しないことを主義とするもの（アメリカ・フランス型）がそうです。日本国憲法の政教分離原則は厳格な分離を定めていることから、この三つのタイプのうち、アメリカ型に属するということができます。

日本国憲法の政教分離原則は、その歴史的背景にかんがみ、たんなる抽象的な国家と宗教との分離を規定するものではなく、より具体的に、国家と神社神道とのあらゆる結びつきを否定するものとしての意味をもつことに注意する必要があります。日本国憲法の政教分離の主眼は、国家と神社神道との徹底的分離という点に置かれているのです。

7 政教分離の原則の内容

日本国憲法の政教分離原則は、以下の四つの内容から成り立っています。

特権付与の禁止

憲法二〇条一項後段は、「いかなる宗教団体も、国から特権を受け」てはならないと定め、宗教団体に対する国の特権付与を禁止しています。ここでいう「特権」とは、一切の優遇的地位・利益をさします。特定の宗教団体に特権を付与することが許されないのはもちろんですが、宗教団体すべてに対して、他の団体から区別して特権を与えることも禁止されます。そこで、宗教法人に対する非課税措置が「特権」にあたるのではないかが問題になります。多数説は、これを合憲と理解していますが、その理由として、宗教法人だけでなく、公益法人や社会福祉法人も、税制上優遇されているので「特権」にはあたらないなどと説明されています。文化財保護のための補助金が文化財をもつ宗教団体に支給されることについても、宗教団体を有利に扱うことが目的ではなく、一般的な利益供与が結果として宗教団体に及んでいるにすぎないことから、「特権」とはいえないと説明されています。

宗教団体の「政治上の権力」行使の禁止

憲法二〇条一項後段はまた、宗教団体が「政治上の権力を行使してはならない」と定めています。ここにいう「政治上の権力」について、通説は、立法権、課税権、裁判権、公務員の任免権など国が独占すべき統治的権力を意味するものとしています。ただし、このような理解に対しては、今日、宗教団体がこのような統治的権力を行使することは通常予想されないことから、この規定は、沿革的意味しかもたないことになるといった批判もあります。

宗教的活動の禁止

憲法二〇条三項は、「国及びその機関は、宗教教育その他いかなる宗教的活動もしてはならない」と定めています。「宗教教育」とは、特定の宗教を宣伝し広めること、または、特定の宗教を排斥することを目的として行われる教育を意味します。国公立学校が、宗教の社会生活上の意義を明らかにし、宗教的寛容を養うことを目的とする教育を行うことは憲法上禁止されていません。

何が「宗教的活動」にあたるかについて、最高裁は、後述する「目的効果基準」を採用し、「宗教教育のような宗教の布教、教化、宣伝等の活動」が典型的なものであるが、そのほか「宗教上の祝典、儀式、行事等」であっても「当該行為の目的が宗教的意義をもち、その効果が宗教に対する援助、助長、促進又は圧迫、干渉等になるような行為」であるかぎり、「宗教的活動」に含まれるとしています。これに対して、国家と宗教の厳格な分離を求める立場は、「宗教上の祝典、儀式、行事等」を行うことも、それ自体で「宗教的活動」にあたり、こうした行為を国やその機関が行うことは禁止されるという見解をとっています。

公金支出の禁止

憲法八九条は、「公金その他の公の財産」を「宗教上の組織若しくは団体の使用、便益若しくは維持のため」に支出したり、利用に供したりすることを禁止し、政教分離の原則を財政面から定めています。ここで「宗教上の組織若しくは団体」とは、「宗教上の事業若しくは活動を行う共通の目的をもって組織された団体」と広く捉える説と、「特定の信仰を有する者による、当該宗教目的を達成するための組織体」と限定的に捉える説があります。最高裁は、後者の立場をとっていますが、学説では、広義説が有力です。

8 政教分離規定の性質

政教分離規定の性質をめぐっては、議論があります。一般に主張されているのは「制度的保障説」という学説で、憲法は、信教の自由の保障を確保・強化するための「手段」として政教分離という制度を保障していると捉える見解です。最高裁は、一九七七年の判決において、政教分離規定が「いわゆる制度的保障の規定であって、信教の自由そのものを直接保障するものではなく、国家と宗教との分離を制度として保障することにより、間接的に信教の自由の保障を確保しようとするもの」であると述べ、国家と宗教との分離には限界があり、厳格に適用することはできないとする立場をとっています（津地鎮祭訴訟・最大判一九七七＝昭五二・七・一三）。

制度的保障論は、制度の中核部分と周辺部分を区別し、制度の中核ではない周辺部分は立法権（つまり法律）によって改変することができるという理論です。最高裁は、同じ判決で、国家と宗教とのかかわり合いが、「信教の自由の保障の確保という制度の根本目的との関係で、いかなる場合にいかなる限度で許されないこととなるかが、問題」となると述べています。この点で、制度的保障説には、信教の自由の保障の確保という制度の根本目的を妨げることがなければ国家と宗教のかかわり合いも許される、という解釈を生みやすいという問題があります。

そこで学説からは、政教分離規定を制度的保障の規定とみるかぎり、政教分離の緩和に結びつくという批判から出発し、政教分離規定は、信教の自由の保障のためのたんなる「手段」ではなく、それ自体人権保障条項と捉えるべきだとする見解（人権説）も主張されています。

9 目的効果基準

国家と宗教との厳格な分離を原則とする日本国憲法の下でも、国家と宗教とのかかわりが一切排除されるわけではありません。国や地方公共団体が、宗教団体に対しても、他の団体と同様に社会的給付を行わなければならない場合があります。宗教系私立学校への助成についても同様です。そこで、国家と宗教との結びつきが、どのような場合に、どの程度まで許されるのかが問題になります。

アメリカの判例では、このような問題について、目的効果基準と呼ばれる基準が使われてきました。この基準は、①問題となった国家行為が、世俗的目的をもつものかどうか、②その行為の主要な効果が、ある宗教を振興しまたは抑圧するものかどうか、③その行為が、宗教との過度のかかわり合いを促すものかどうか、という三つの要件を個別に検討し、一つでもクリアーできなければ違憲とするものです。

この目的効果基準は、日本の最高裁が好んで採用していますが、国家と宗教とのゆるやかな分離を是認する可能性があるとしてこれを批判する見解が少なくありません。

10 津地鎮祭訴訟

　政教分離をめぐる訴訟はたくさんありますが、ここでは、三つだけ紹介しましょう。まず、三重県の津市が市体育館を建設するにあたって、神職主宰のもとで神道式の地鎮祭を行い、それに公金を支出した行為が憲法二〇条・八九条に違反するかどうかが争われた有名な事案があります。第一審判決は、この地鎮祭は習俗的行事だとして、憲法二〇条三項には違反しないとしました（津地判一九六七＝昭四二・三・一六）。これに対して、控訴審判決は、宗教的行為か習俗的行為であるかを区別する客観的な基準として、①問題となる行為の主宰者が宗教家であるかどうか、②その行為の順序作法が宗教界で定められたものかどうか、③その行為が一般人に違和感なく受け容れられる程度に普遍性をもつものかどうか、の三点をあげて、この地鎮祭は、宗教的行為というべきであり、公金支出は憲法二〇条三項に違反すると判断しました（名古屋高判一九七一＝昭四六・五・一四）。

　ところが、最高裁では、再び合憲判決が下されます。最高裁は、政教分離原則をゆるやかに解しつつ、目的効果基準を使い、憲法二〇条三項で禁止される「宗教的活動」というのは、宗教とのかかわり合いがわが国の社会的・文化的諸条件に照らし、信教の自由の保障の確保という制度の根本目的との関係で、相当とされる限度を超えるもの、つまり、その「行為の目的が宗教的意義をもち、その効果が宗教に対する援助、助長、促進又は圧迫、干渉等になるような行為」に限られると述べました。そして、その判断は、行為の主宰者、式次第など外面的形式にとらわれず、行為の場所、一般人の宗教的評価、行為者の意図・目的、宗教意識、一般人への影響など、諸般の事情を考慮し、社会通念にしたがって客観的になされなければならないとし、地鎮祭の「目的は建築着工に際し土地の平安堅固、工事の無事安全を願い、社会の一般的慣習に従った儀礼を行うという専ら世俗的なものと認められ、その効果は神道を援助、助長、促進し又は他の宗教に圧迫、干渉を加えるものとは認められないのであるから、憲法二〇条三項により禁止される宗教的活動にはあたらない」と判断しました（最大判一九七七＝昭五二・七・一三）。これに対して、五名の裁判官は、政教分離原則を厳格に捉え、この地鎮祭は「極めて宗教的色彩の濃いもの」であって、非宗教的行事と言うことはできず、具体的な効果について考えてみても、「神社神道を優遇しこれを援助する結果となる」から、憲法二〇条三項に違反するという反対意見を述べています。最高裁判決の多数意見に対しては、これを批判する見解が多く、「社会通念」の名の下に、安易な多数決主義によって、少数者の信教の自由が侵害されるようになるのではないかという懸念が表明されています。

11 愛媛玉串料訴訟

愛媛県知事が靖国神社や県護国神社に玉串料など計一六万六〇〇〇円を公金から支出したことが政教分離原則に違反するかどうかが争われた事案があります。最高裁は、津地鎮祭判決の目的効果基準に拠りつつも、この支出は憲法二〇条三項の禁止する「宗教的活動」にあたるとする判決を下しました。

最高裁判決によると、①目的については、玉串料などの奉納は、地鎮祭の場合とは異なり、「時代の推移によって既にその宗教的意義が希薄化し、慣習化した社会的儀礼にすぎないものになっているとまでは到底いうことができず、一般人が本件の玉串料等の奉納を社会的儀礼の一つにすぎないと評価しているとは考え難」く、その「奉納者においても、それが宗教的意義を有するものであるという意識を大なり小なり持たざるを得ない」として、その宗教的意義が肯定されています。そして、②効果については、「県が他の宗教団体の挙行する同種の儀式に対して同様の支出をしたという事実がうかがわれない」ので、このような地方公共団体と特定の宗教団体とのかかわり合いは、「一般人に対して、県が当該特定の宗教団体を特別に支援しており、それらの宗教団体が他の宗教団体とは異なる特別のものであるとの印象を与え、特定の宗教への関心を呼び起こすものといわざるを得ない」として、特定の宗教団体を支援する効果が肯定されています（最大判一九九七＝平九・四・二）。

多数意見が目的効果基準を採用したことに対し、その基準が曖昧である、あるいは不明確であるとして、その適用を批判する少数意見が付けられています。「目的・効果基準は、基準としては極めてあいまいなものといわざるを得ず、このようなあいまいな基準で国家と宗教とのかかわり合いを判断し、憲法二〇条三項の宗教的活動を限定的に解することについては、国家と宗教との結び付きを許す範囲をいつの間にか拡大させ、ひいては信教の自由もおびやかされる可能性があるとの懸念を持たざるを得ない」（高橋裁判官）という意見、さらに、「これまでの裁判例において、同一の目的効果基準にのっとって同一の行為を評価しながら、反対の結論に達している例があることは、右基準が明確性を欠き、その適用が困難なことを示すものというべきである」（尾崎裁判官）という意見がそうです。

12 空知太神社訴訟

北海道砂川市が所有する土地を空知太《そらちぶと》神社に無償で使用させていた行為が政教分離原則に違反するかどうかが争われた事案でも、最高裁は違憲判決を下しました。最高裁は、憲法八九条に違反するかどうかは、「当該宗教的施設の性格、当該土地が無償で当該施設の敷地としての用に供されるに至った経緯、当該無償提供の態様、これらに対する一般人の評価等、諸般の事情を考慮し、社会通念に照らして総合的に判断すべき」であるとしたうえで、空知太神社を管理し、宗教的行事を行う「氏子集団」は憲法八九条にいう「宗教上の組織若しくは団体」にあたると判断しました。そして、このような利用提供行為は、憲法八九条の禁止する公の財産の利用提供にあたり、ひいては憲法二〇条一項後段の禁止する宗教団体に対する特権の付与にも該当し、憲法に違反すると述べています（最大判二〇一〇＝平二二・一・二〇）。

◆フランスのイスラム・スカーフ事件◆

イスラム教の聖典であるコーランには、信者の女たちはヴェールを胸の上まで垂らすことが定められていて、イスラム教徒の女性たちは、頭から前身を覆うブルカやニカーブ、頭髪と顔を覆うヴェール、頭髪のみを覆うスカーフなどを被っています。他方で、フランスの憲法では、ライシテ（世俗性・非宗教性）が共和国の基本原理に掲げられており、イスラム教徒も、公的な場所ではヴェールを取ることを求められます。

一九八九年、パリ郊外の中学校で、校長が三人の女子生徒に対してスカーフを取るように命じたところ、生徒たちが拒否したため、授業を受けさせず、退学問題に発展した事件が起こりました。この事件では、公教育の宗教的中立性とイスラム女性の宗教的自由との対抗関係が浮き彫りになりました。この事件について、教育相から諮問を受けたコンセイユ・デタ（国務院）は、基本的に女子生徒の宗教的自由を尊重する判断を下しつつ、プロパガンダになるものは認めないとしました。

その後、二〇〇四年には「公立学校における宗教的標章の着用禁止法」が制定されました。この法律では、「公立の小・中・高等学校では、生徒があからさまな宗教的態度を表明するような標章ないし服装の着用は禁止される」と定められています。これにより、他者に対して、直ちに宗教的意味が理解されるような宗教的シンボル、たとえば、イスラムのスカーフ、ユダヤ教のキッパ、大きな十字架などの着用は、公立学校において禁じられることになりました。

第七章　表現の自由

1 表現の自由の価値と効用

日本国憲法は、二一条一項で、「集会、結社及び言論、出版その他一切の表現の自由は、これを保障する」とし、さらに二項で「検閲は、これをしてはならない」と定めています。表現の自由とは、自分の言いたいと思うことを自分の思う仕方で表明する自由のことです。

表現の自由の重要性は、近代市民革命期の憲法や人権宣言でも強く意識されていました。たとえば、一七八九年のフランス人権宣言一一条は、「思想および意見の自由な伝達は、人の最も貴重な権利の一である。したがって、すべての市民は、法律によって定められる場合にその自由の濫用について責任を負うほかは、自由に、話し、書き、印刷することができる」と定め、自由なコミュニケーションの重要性を説いています。

表現の自由には、二つの重要な価値があります。ひとつは、人間は、自己の考えを発表し、他人の考えを知ることによって、人格的な発展を遂げることができるということです（自己実現の価値）。個人の人格形成のうえで、表現の自由は、重要な権利だといえます。

もうひとつの価値は、民主政治にとって不可欠な、自由な意見発表と討論を保障するものとして、表現の自由がきわめて重要な意義をもっていることです（自己統治の価値）。表現の自由の保障が不十分な国では、民主的な政治過程が機能しなくなるおそれがあります。表現の自由は、国民が政治的な意思決定をするうえで不可欠の権利なのです。

さらに、表現の自由には、人びとが自由な議論を取り交わすことによって、何が「真理」であるかを発見することができ、社会全体としても正しい結論に達することができる、という社会的効用もあります。このような考えは、「思想の自由市場論」と呼ばれており、「真理の最上のテストは、市場の競争において自らを容認させる思想の力である」というアメリカの裁判官の言葉がよく知られています。もっとも、デマやフェイクニュースが頻繁に流されている状況にあって、思想の自由市場が存在すれば、真理が勝ち残る保証はあるのかといった疑問が投げかけられているのも理解できなくはありません。

2 表現の自由が「優越的地位」にあることの意味

表現の自由は、人権のなかで優越的地位を占める権利だといわれることがあります。これは、どういう意味なのでしょうか。

権力の側にある者は、その権力を脅かしかねない、自らに対する批判的な言論を抑圧しようとする傾向があります。そのため、表現の自由は、権力側によって不当な制約を受けやすくなります。また、表現する側も、何らかの不利益を受けるおそれがあれば、本来は許されるはずの表現行為まで自粛してしまうかもしれません（これを萎縮効果といいます）。

このように、表現の自由は、「こわれやすく傷つきやすい」権利であり、形だけの保障になってしまいかねません。表現を萎縮させたり、抑止させたりする法律は、すみやかに取り除く必要があります。

表現の自由は手厚く保護されるべきものであることから、表現の自由を制約する立法が合憲か違憲かを判断する基準は、厳格でなければなりません。一般に、表現の自由については、他の人権に比べて、より厳しい基準を使って、それを制約する立法の合憲性を判定することが求められます。

ただし、表現の自由といえども無制約ではなく、一定の制限が認められる場合があります。①ある表現行為が、他人の生命や健康を害する場合、②他人の人間としての尊厳を害する場合、③他人の人権と衝突する場合がそうです。

3 二重の基準の理論

表現の自由を制約する立法が合憲か違憲かを判断する基準を検討するにあたって、広く支持されてきた基本的な考え方として、「二重の基準」の理論があります。これは、もともとはアメリカの憲法判例に由来する理論なのですが、日本の憲法学説にも大きな影響を及ぼしました。

二重の基準の理論は、表現の自由を中心とする精神的自由を規制する立法の合憲性は、経済的自由を規制する立法よりも、とくに厳しい基準によって審査されなければならない、という理論です。この二重の基準を支える根拠として、次の二つがあげられます。

第一の根拠は、民主政の過程によって説明されます。経済的自由を不当に制限する立法は、民主政の過程が正常に機能しているかぎり、裁判所が積極的に介入しなくても、議会でこれを是正することができます。これに対して、民主政の過程を支える精神的自由が不当に制限されている場合には、国民の知る権利が保障されない状況にあることから、民主政の過程を正常に戻すために、裁判所が積極的に介入することが必要になるのです。精神的自由を規制する立法の合憲性を裁判所が厳格に審査しなければならないというのは、そういう意味なのです。

第二の根拠は、裁判所の審査能力によって説明されます。経済的自由の規制については、社会・経済政策の問題が関係することが多いのですが、それらの政策が妥当かそうではないかを審査する十分な能力を裁判所はもっていません。したがって、とくに明白に憲法違反だというような場合を除いて、裁判所は、立法府の判断を尊重するのが望ましいといえるでしょう。他方で、精神的自由の規制については、裁判所の審査能力の問題はなく、むしろ、裁判所こそが積極的に介入し、厳格な審査を行うことが求められているといえます。

もっとも、二重の基準とはいっても、精神的自由と経済的自由とで、保障の程度がほぼ同じようになる場合も考えられます。また、表現の自由の規制立法が合憲か違憲かを判断する際に用いられる審査基準の厳格さも一様ではなく、表現活動を事前に抑制しようとする立法と、表現の時間や場所だけを規制する立法とでは、異なる審査基準を用いることができると考えられています。

4「一切の表現の自由」とは？

日本国憲法二一条一項は、「一切の表現の自由」を保障しています。表現とは、内心の精神作用が外部に表明されたものですが、その形態は問いません。口頭や文書によるものはもちろん、絵画、映画、写真、音楽、演劇、ソーシャルメディアやインターネットを用いた表現、集会やビラまきなども含まれます。思想や意見の表明だけでなく、たんなる事実の伝達（報道）も、表現の自由の保障の対象です。

表現活動が、一定の身体的動作によって行われる場合もあります。「象徴的表現」と呼ばれるものですが、こうしたものも表現の自由の保護の対象となります。政府を批判する政治的表現として、公衆の面前で国旗を焼却する行為などがその一例です（ただし、焼却行為によって火災が発生するおそれがある場合には、行動に着目した規制が行われます）。

5 事前抑制と検閲の禁止

表現活動が行われる前に、公権力が何らかの方法で抑制することは原則として禁止されます。実質的に、これと同じような影響を及ぼす規制方法も許されません。

このように事前抑制が原則的に禁止されるのは、①情報が「表現の自由市場」に出る前にそれを抑止するものであって、事後規制とは抑止効果が質的に異なること、②表現活動に先立って迅速になされるので、手続上の保障が十分ではなく、公権力が恣意的に判断するおそれがあること、が主な理由です。

憲法二一条二項は、「検閲は、これをしてはならない」として検閲を禁止しているので、これと事前抑制の関係が問題になります。一般的な見解では、事前抑制の原則的禁止は、憲法二一条一項の表現の自由の帰結であるとしたうえで、二一条二項は、事前抑制の典型としての検閲を絶対的に禁止したものだと説明されています。

それでは、検閲とは、どういうものなのでしょうか。検閲とは、公権力が、外に発表されるべき思想の内容をあらかじめ審査し、不適当と認めるときは、その発表を禁止する行為のことです。今日では、検閲の対象は、思想内容のみならず、広く表現内容が対象になりうるものと考えられています。検閲の時期については、発表前の抑制だけではなく、思想・情報の受領時を基準として、受領前の抑制や、思想・情報の発表に重大な抑止的効果を及ぼすような事後規制も検閲の問題になると主張されています。

6 税関検査は検閲にあたるか？

憲法で禁止される「検閲」にあたるのではないかとして争われてきたのが、税関検査の制度です。

関税法（以前は関税定率法）は、「公安又は風俗を害すべき書籍、図画、彫刻物その他の物品」を「輸入してはならない」と規定し、これを根拠にして、税関当局は、輸入書籍などの内容を検査しています。しかし、「公安又は風俗を害すべき書籍、図画」というのは、きわめて曖昧で、不明確です。しかも、日本国内の人びとが図書や映画などに接する前に、その内容に着目して規制を行うものであって、違憲の疑いが強いのではないかといわれていました。

この問題について、最高裁は、一九八四年の判決で、税関検査は検閲にはあたらず、また、関税法にいう「風俗を害すべき書籍、図画」とは、わいせつ表現物のことだと解釈できるので、この規定は不明確ではないとし、税関検査を合憲とする判断を示しました（最大判一九八四＝昭五九・一二・一二）。最高裁判決は、検閲について「行政権が主体となって、思想内容等の表現物を対象とし、その全部又は一部の発表の禁止を目的として、対象とされる一定の表現物につき網羅的一般的に、発表前にその内容を審査した上、不適当と認めるものの発表を禁止すること」と定義しています。そのうえで、税関検査については、すでに国外で発表ずみの表現物を対象とするものであるから、輸入が禁止されても発表の機会が失われるわけでないこと、検査は、関税徴収手続の一環として行われるもので、思想内容を網羅的に審査し、規制することを目的とするものではないことからして、憲法の禁じる検閲には該当しないと述べているのですが、この判決には多くの批判が寄せられています。最高裁が検閲の定義をあまりにも狭く限定しすぎていて、どんな制度でも検閲に該当しなくなってしまい、結局、憲法が検閲を絶対的に禁止していることの意味がなくなってしまうからです。

この最高裁判決では、四名の裁判官が反対意見を支持しています。それによると、関税法の規制は、わいせつ物以外の憲法上保障される表現まで対象にしていると解釈される余地があり、不明確であり、かつ、広汎すぎるものであって、違憲無効とすべきであるというのです。たしかに、「風俗」という言葉は多義的です。わいせつ表現物だけに限定して解釈できるから不明確ではないという多数意見の説明には無理があるように思われます。

ここで、関連して、「明確性の理論」に触れておきます。これは、表現活動に対して、曖昧で不明確な法律によって規制を加えると、表現活動を行おうとする人に萎縮効果が及ぶ可能性があるから、法文上不明確な法律は原則として無効になるとする理論です。萎縮効果とは、本来は適法な行為であっても、ひょっとしたら自分の表現活動が規制対象の行為に該当し、刑事罰を受けることになるかもしれないと考え、これをおそれて表現活動をやめてしまうことをいいます。また、法文は明確であっても、規制の範囲があまりにも広すぎて、違憲的に適用される可能性がある法律も、こうした効果をもたらしかねないので、原則として違憲無効とされなければなりません。

7 裁判所による事前差止め

裁判所による出版物の事前差止めも、事前抑制との関係で問題になります。ある雑誌が、知事選挙に立候補予定の人を批判攻撃する記事を掲載しようとしたところ、名誉毀損を理由に、その発売前に事前差止めが行われた事件があります。

最高裁は、裁判所の仮処分による事前差止めは検閲にはあたらないけれども、事前抑制そのものであるから、厳格かつ明確な要件が必要だとしました。そして、公職選挙の候補者に対する批判などの表現は、一般には、公共の利害に関する事項といえるので、その表現は社会的な価値をもち、事前差止めは原則として許されないが、「表現内容が真実でなく、又はそれが専ら公益を図る目的のものでないことが明白であって、かつ、被害者が重大にして著しく回復困難な損害を被る虞があるとき」は、実体的要件を具備するときに限って、例外的に事前差止めが許される、とする判決を下しました（北方ジャーナル事件・最大判一九八六＝昭六一・六・一一）。

8 表現内容規制と内容中立規制

表現の自由に対する規制は、表現の内容に着目した規制である「表現内容規制」と、ビラ貼り・ビラ配り・街頭演説など表現の場所や方法などを規制する「内容中立規制」に分けられます。このような二分論を前提に、表現内容規制が合憲かどうかの審査は厳格でなければならないけれども、内容中立規制が合憲かどうかの審査は、それよりもゆるやかな基準で審査してもかまわないという考え方が多く見られます。

もし、与党を批判する放送を流してはならないという規制が行われたら、「与党に批判的」という観点が「表現の自由市場」から排除されてしまい、民主政治が機能しなくなり、与党による独裁化を許すことになるおそれもあります。これに対して、表現内容に中立な規制であれば、別の時、場所、方法を試みることによって、「表現の自由市場」にアクセスすることができるため、恣意的に特定の観点が抑圧される危険はより少ないものと考えられます。したがって、表現内容規制よりもゆるやかな審査基準をとることができると説明されています。

しかし、表現する側からすると、表現の時、場所、方法が重要な意味をもつことがあります。また、政府が、内容中立規制を装って、都合の悪い表現や情報が流されるのを妨げようとすることも考えられます。表現内容規制であっても、内容中立規制であっても、表現する側の人にとって、表現を禁止されることに変わりはなく、表現を受け取る側の人にとっては、情報の自由な流通を妨げられることに変わりはありません。だとすると、内容中立規制だからといって、かならずしもゆるやかな審査基準でよいということにはならないのではないかと思われます。また、日本の最高裁が、「表現内容規制にあたる」として、厳しい審査基準を用いることはないため、このような二分論は、結局、内容中立規制の審査を弱めるための言い訳として機能しているだけではないのか、という批判もなされています。

9　違法行為を煽動する表現

表現内容にもとづく規制として、違法行為を煽動《せんどう》する表現が問題になります。煽動とは、そそのかしたり、あおったりする行為のことですが、煽動された犯罪が行われたかどうかとは無関係に、煽動行為自体を処罰する法律もあります。

しかし、煽動は、政治的表現である場合も多く、煽動にあたるかどうかの判断が恣意的になされる可能性があります。本来は許されるべき行為まで規制されてしまわないよう注意する必要があります。

破壊活動防止法は、内乱や外患誘致、政治目的での建造物放火、殺人、騒乱などの犯罪行為の煽動を処罰の対象としています。最高裁は、煽動を、政治目的で「所定の犯罪を実行させる目的をもって、文書若しくは図画又は言動により、人に対し、その犯罪行為を実行する決意を生ぜしめ又は既に生じている決意を助長させるような勢のある刺激を与える行為」と定義したうえで、破壊活動防止法を簡単に合憲と判断しています（最判一九九〇＝平二・九・二八）。とくに、最高裁が、煽動は「重大犯罪をひき起こす可能性のある社会的に危険な行為であるから、公共の福祉に反し、表現の自由の保護を受けるに値しない」とした点については、批判が少なくありません。

学説の多くは、アメリカの基準を参照しながら、煽動を処罰することができるのは、①唱道が差し迫った違法行為を引き起こすことに向けられ、かつ、②そのような行為を実際に引き起こす見込みのある場合に限られる、という立場をとっているようです。

10 名誉毀損的表現

名誉とは、人の人格的価値について社会から受ける客観的な評価のことで、憲法一三条の幸福追求権の一内容として名誉権が保障されるのみならず、民事的にも刑事的にも保護されています。人の名誉を毀損する行為は、民法七〇九条により、不法行為として責任を問われます。さらに、刑法二三〇条一項は、「公然と事実を摘示し、人の名誉を毀損した者は、その事実の有無にかかわらず」処罰対象になるとし、二三一条は、「事実を摘示しなくても、公然と人を侮辱した者」も処罰対象にしています。

名誉毀損に関して注意しなければならないのは、これまでしばしば、政治家などの影響力の大きい人物が、自分にとって都合の悪い批判的な報道に対して名誉毀損の主張を行うことによって、マスコミやジャーナリストを威嚇する役割を果たしてきた点です。たしかに名誉権は重要な権利ですが、政治家への批判が名誉毀損になってしまうのであれば、民主政治は機能不全に陥るおそれもあります。

そこで、戦後、表現の自由に配慮して、刑法二三〇条の二が新設され、①「公共の利害に関する事実」を、②「専ら公益を図る」目的で摘示した場合には、③「事実の真否を判断し、真実であることの証明があったとき」は、処罰されないことになりました。

最高裁は、刑法二三〇条の二の規定について、個人の名誉の保護と憲法二一条による正当な言論の保障との調和をはかったものであると述べたうえで、③の真実性の要件について、「真実であることの証明がない場合でも、行為者がその事実を真実であると誤信し、その誤信したことについて、確実な資料、根拠に照らし相当の理由があるときは、犯罪の故意がなく、名誉毀損の罪は成立しない」とする判断を示しました（夕刊和歌山時事事件・最大判一九六九＝昭四四・六・二五）。

①の「公共の利害に関する事実」には、政府や公人に関する事実、犯罪や裁判に関する事実に加え、社会が関心をもつことが正当であると考えられるような事実が含まれます。著名な宗教団体の指導者のスキャンダル報道が問題になった事件について、最高裁は、私人の私生活上の行状であっても、「そのたずさわる社会的活動の性質及びこれを通じて社会に及ぼす影響力の程度などのいかんによっては」、「公共の利害に関する事実」にあたる場合があるとしています（月刊ペン事件・最判一九八一＝昭五六・四・一六）。

11 わいせつ表現

刑法一七五条は、「わいせつな文書、図画、電磁的記録に係る記録媒体その他の物」の頒布、販売、公然陳列、販売目的での所持を刑事罰の対象としています。まさしく表現の内容に着目してなされる表現内容規制の典型といえるでしょう。

最高裁は、性的描写を含む小説の翻訳・出版・販売が刑法一七五条のわいせつ文書販売の罪にあたるとして翻訳者と出版社が起訴された事件で、大正時代の古い判例を踏襲しながら、わいせつ表現を定義しました。そこでは、わいせつ文書とは、①「徒に性欲を興奮又は刺戟せしめ」、②「普通人の正常な性的羞恥心を害し」、③「善良な性的道義観念に反するもの」をいうとされています。そして、最高裁は、ある文書がわいせつ文書にあたるかどうかは、裁判官が社会通念にしたがって判断するものだと述べました（チャタレイ事件・最大判一九五七＝昭三二・三・一三）。

わいせつ文書にあたるかどうかの判断には、どうしても主観が入り込んでしまいます。そうである以上、わいせつ文書の規制は、権力側の主観によって表現行為を規制するという危険を必然的にはらんでいるといえます。判例は、刑法一七五条の立法目的は「性的秩序を守り、最小限度の性道徳を維持する」ことにあるとして、これを合憲としてきましたが、インターネットを介して、海外のサーバーからさまざまな表現物が流入してくる時代に、はたしてこのような規制を維持する意味があるのか疑わしくなっています。しかし、二〇二〇年になっても、最高裁は、自分の女性器の3Dデータを配布した漫画家に対し有罪判決を下した下級審の判断を支持しています（ろくでなし子事件・最判二〇二〇＝令二・七・一六）。

ただ、刑法一七五条の合憲性を否定する立場を支持するとしても、児童や青少年を保護する目的で、一定の性表現の規制を行うことは許されるものと考えられます。

国際的な問題になっている児童の商業的性的搾取を防止するために、各国で、児童ポルノ規制に向けた取り組みが見られます。日本では、一九九九年に児童ポルノ規制法が制定され、その後、二〇一四年の法改正で規制が強化されています。現在では、「自己の性的好奇心を満足させる目的」での単純所持も規制の対象になっています。

青少年を受け手とする「有害図書」の規制も問題となります。都道府県の青少年保護育成条例は、青少年の健全な成長を阻害するおそれのある「有害図書」を青少年に販売・配布することや自動販売機に収納することを禁止し、罰則も定められています。最高裁は、こうした図書が「青少年の健全な育成に有害であることは、既に社会共通の認識になっている」として、簡単に規制の合憲性を認めていますが（最判一九八九＝平一・九・一九）、この点については批判も少なくありません。

12 ヘイトスピーチ

ヘイトスピーチとは、人種、民族、性、宗教、その他のマイノリティー集団に対して、憎悪や嫌悪を表明して偏見を助長したり、差別をあおったりする表現行為のことです。日本のみならず、世界各国でこうした表現行為が問題になっています。

ヘイトスピーチが特定の個人や団体に向けられている場合には、名誉毀損罪や侮辱罪などによる処罰が可能ですが、対象が特定されていない場合の対応が問題となります。

人種差別撤廃条約（あらゆる形態の人種差別の撤廃に関する国際条約）四条は、「人種的優越又は憎悪に基づく思想のあらゆる流布、人種差別の扇動」や「人種差別を助長し及び扇動する団体及び組織的宣伝活動その他のすべての宣伝活動」を「法律で処罰すべき犯罪」にすることを加盟国に義務付けています。日本は、一九九五年にこの条約に加入しています。

日本の憲法学説では、ヘイトスピーチ規制に対して慎重な見解も少なくありませんでしたが、在日朝鮮人に対する差別的表現が深刻化するなか、二〇一四年、国連の人種差別撤廃委員会は、日本政府にヘイトスピーチの規制を行うよう勧告しました。二〇一六年には、ヘイトスピーチ規制法（本邦外出身者に対する不当な差別的言動の解消に向けた取組の推進に関する法律）が制定され、「不当な差別的言動は許されないことを宣言」するとともに、国や地方自治体に対して、「不当な差別的言動の解消に向けた取組に関する施策」を講じることが求められました。この法律は、罰則をともなわない理念法にとどまっていますが、地方自治体による対応として、川崎市では、二〇一九年に、ヘイトスピーチに刑事罰を科す条例が制定されました。

13 営利的表現

日本では、法律によって、虚偽広告、誇大広告、消費者の誤解を招くような広告は禁止されています。そもそも、営利的表現や営利広告は、表現の自由によって保護されるものなのでしょうか。

判例では、広告という営利的表現に表現の自由の保障が及ぶかどうかは明らかにされていません。日本において営利広告規制の合憲性が争われた事件が少なく、旧「あん摩師、はり師、きゅう師及び柔道整復師法」が灸の適応症の広告さえも禁止していることが、憲法二一条に違反するかどうかが争われた例があるくらいです。最高裁は、この事件について、「虚偽誇大に流れ、一般大衆を惑わす虞があり、その結果適時適切な医療を受ける機会を失わせるような結果を招来する」といった弊害を防ぐため、「一定事項以外の広告を禁止することは、国民の保健衛生上の見地から、公共の福祉を維持するためやむをえない措置」であり、憲法二一条に違反しないという判決を下しています（最大判一九六一＝昭三六・二・一五）。

学説では、営利広告も表現の自由の保障対象に含まれるとする見解が有力になっています。ただし、営利的表現に対する規制の合憲性については、他の表現よりもゆるやかな審査基準で判断することができるものと考えられます。その理由としては、虚偽広告や誇大広告は国民の健康や日常生活に直接影響するものであること、営利的表現は政治的表現に比べてその真実性や正確性が容易に判断できるため、政府が規制権限を濫用する危険が少ないこと、営利的表現は萎縮効果を受けにくいことなどがあげられています。

14 選挙運動の規制

選挙運動は、民主政治に不可欠な政治的表現活動であるにもかかわらず、日本では公職選挙法によって厳しく規制されています。戸別訪問の禁止、法定外文書の頒布・掲示の禁止、事前運動の禁止などがそうです。

最高裁は、選挙運動の規制について、厳格な違憲審査基準を用いることなく、ゆるやかな基準によって合憲と判断する判決を下してきました。たとえば、戸別訪問の禁止については、意見表明そのものの制約を目的とするものではなく、意見表明の手段方法の禁止にともなう限度での間接的・付随的な制約にすぎないとし、戸別訪問の禁止により得られる利益（買収や利害誘導の温床になるとか、選挙人の生活の平穏を害するとか、候補者の出費が多額になるといった弊害の防止）は失われる利益よりもはるかに大きいとして、一律に全面禁止しても憲法二一条には違反しないとする判決を下しています（最判一九八一＝昭五六・六・一五）。

選挙における自由な情報の流通は、民主政治の大前提です。日本における各種選挙の投票率が、諸外国と比較して極端に低いことが指摘されていますが、その原因のひとつには、こうした過度に厳しい選挙運動規制があるのではないかと思われます。

15 ビラ貼り・ビラ配り

表現内容中立規制として、ここではビラ貼りとビラ配りを規制する立法の合憲性について触れておきます。

屋外広告物法や屋外広告物条例は、美観風致の維持と公衆に対する危害の防止を目的として、屋外広告物の表示・掲出を規制しています。最高裁は、電柱などに広告物を貼り付けることを禁止する大阪市の条例について、「国民の文化的生活の向上を目途とする憲法の下においては、都市の美観風致を維持することは、公共の福祉を保持する所以であるから、この程度の規制は、公共の福祉のため、表現の自由に対し許された必要且つ合理的な制限」であると述べて、憲法二一条に違反しないとする判決を下しています（最大判一九六八＝昭四三・一二・一八）。

ビラ配りに関しては、自衛隊のイラク派遣に反対するビラを防衛庁官舎の各住戸のドアポストに投函した行為が刑法一三〇条の住居侵入罪に問われた事件があります。一審判決（東京地裁八王子支部判二〇〇四＝平一六・一二・一六）では、「法秩序全体の見地からして、刑事罰に処するに値する程度の違法性があるものとは認められない」として無罪の判断が出されていましたが、最高裁は、このような行為は「人の看守する邸宅」への侵入にあたるとし、「たとえ表現の自由の行使のためとはいっても、このような場所に管理権者の意思に反して立ち入ることは、管理権者の管理権を侵害するのみならず、そこで私的生活を営む者の私生活の平穏を侵害するもの」であるとし、憲法二一条違反の主張を退けました（最判二〇〇八＝平二〇・四・一一）。当時は、政治ビラを配布する行為が罪に問われる事例が立て続けに起こっており、恣意的な起訴ではないかという批判もなされました。

16 情報を受け取る自由・収集する自由

憲法二一条の表現の自由は、情報伝達の自由も保障しています。情報伝達の自由としての表現の自由は、まず情報を「提供する自由」を保障していますが、情報の伝達は、情報を受け取る行為がなければ意味がありません。したがって、情報を「受け取る自由」が保障されなければなりません。また、情報を提供するためには、積極的に情報を収集する活動が不可欠となることから、情報を「収集する自由」も保障される必要があります。

世界人権宣言は、一九条において、「すべて人は、意見及び表現の自由に対する権利を有する。この権利は、干渉を受けることなく自己の意見をもつ自由並びにあらゆる手段により、また国境を越えると否とにかかわりなく、情報及び思想を求め、受け、及び伝える自由を含む」と規定しています。

最高裁も、情報を「受け取る自由」や「収集する自由」に関して、「さまざまな意見、知識、情報に接し、これを摂取」する自由は、憲法二一条の趣旨や目的から「いわばその派生原理として当然に導かれる」ことを認めています（最大判一九八三＝昭五八・六・二二）。

かつて、日本では、法廷でメモをとることは禁止されていました。傍聴人が法廷でメモをとる権利が保障されているかどうかが問題になった事件で、最高裁は、情報摂取の補助として行われるメモをとる自由について、「さまざまな意見、知識、情報に接し、これを摂取することを補助するものとしてなされる限り、筆記行為の自由は、憲法二一条一項の規定の精神に照らして尊重されるべきである」と述べています（レペタ事件・最大判一九八九＝平一・三・八）。

17 知る権利

今日の社会では、情報は政府やマス・メディアに集中しています。一部のマス・メディアが情報の「送り手」の地位を独占し、人びとは情報の「受け手」の地位に固定される現象が見られます。こうした情報の独占化は、情報の多様性の減退をまねき、特定の観点からの情報（とくに政府にとって都合の良い情報）のみが流されることにつながるおそれもあります。そこで、情報の「受け手」の側から、表現の自由を再構成する必要性が説かれ、「知る権利」が唱えられるようになったのです。

これに関連して、情報の「受け手」である国民が、情報の「送り手」であるマス・メディアに対して、自己の意見の発表の場を提供することを要求する権利が主張されることがあります。「アクセス権」と呼ばれるものですが、具体的には、憲法二一条を根拠に、反論記事の掲載や番組への参加などをマス・メディアに求めることができるかどうかが問題となります。私企業であるマス・メディアに対するアクセス権が憲法二一条によって直接的に保障されていると考えるのは難しく、これが具体的権利となるためには、特別の法律の制定が必要であるとする見解が有力であるとされています。

18 報道の自由と取材の自由

報道の自由も表現の自由の保障に含まれます。「知る権利」のためには、報道機関の報道が国家権力による干渉や統制を受けることなく自由になされることが必要です。最高裁も、「報道機関の報道は、民主主義社会において、国民が国政に関与するにつき、重要な判断の資料を提供し、国民の『知る権利』に奉仕するものである。したがって、思想の表明の自由とならんで、事実の報道の自由は、表現の自由を規定した憲法二一条の保障のもとにある」と述べています（博多駅事件・最大決一九六九＝昭四四・一一・二六）。

それでは、報道のための取材の自由も憲法二一条によって保障されるのでしょうか。右に引用した最高裁決定は、「報道のための取材の自由も、憲法二一条の精神に照らし、十分尊重に値いする」と述べています。ただし、ここで、「二一条により保障される」とは明言していない点に注意が必要です。

学説では、報道の自由の一環として取材の自由が憲法二一条により保障されるとする見解が有力です。取材は、報道にとって必要不可欠な行為であり、取材活動が公権力の介入から自由に行われるように保障されなければ、自由な報道は実現できないと考えられるからです。

ところで、報道機関は、将来の取材を困難にするような国家からの要求を拒むことができるのでしょうか。裁判所が、テレビ放送会社に対し、博多駅で学生と機動隊員が衝突した模様を撮影したテレビフィルムの提出を命じたことについて、放送会社がこの命令は報道の自由を侵害するものであるとして争った事件があります。最高裁は、①「公正な刑事裁判を実現するにあたっての必要性の有無」と②「取材したものを証拠として提出させられることによって報道機関の取材の自由が妨げられる程度およびこれが報道の自由に及ぼす影響の度合」などを比較衡量して決めるべきだと述べ、このフィルムは、過剰警備があったかどうかを判定するうえで「ほとんど必須のもの」といえるほど「証拠上きわめて重要な価値」があるとする一方で、報道機関の不利益は「報道の自由そのものではなく、将来の取材の自由が妨げられるおそれがあるというにとどまる」として提出命令を合憲としました（最大決一九六九＝昭四四・一一・二六）。この最高裁決定は、報道機関が被る不利益をあまりにも低く評価している点で、批判が少なくありません。比較衡量による手法では、つねに取材の自由よりも「公正な裁判」が重視されることになってしまうので、きわめて重要な目的を実現するのに必要不可欠な場合に限って、裁判所は、取材資料の提出を命じることができると考えるべきだとする見解に説得力がありそうです。

19　取材源秘匿の自由

なぜ報道機関には、取材源秘匿の自由が保障されるべきなのでしょうか。取材にあたっては、情報提供者を明らかにしないという条件で、取材に応じる人が多く（たとえば内部告発のニュース）、記者に取材源秘匿権を認めなければ、情報提供者と記者との信頼関係が崩れ、その後の取材活動が著しく困難になってしまうからです。しかし、裁判所に証人として喚問された報道機関の記者が、取材源の開示を求められることがあり、証言を拒否できるかどうかが争われています。

最高裁は、七〇年近く前の古い判例で、刑事事件における証言義務を犠牲にしてまで取材源の秘匿を認めることはできないと述べ、刑事訴訟における取材源秘匿は認めませんでした（最大判一九五二＝昭二七・八・六）。他方で、民事訴訟については、記者の取材源は民事訴訟法一九七条一項三号にいう「職業の秘密に関する事項」にあたるとして、取材源に関する証言拒否が認められたケースもあります。最高裁は、二〇〇六年の決定において、保護に値する秘密かどうかは「秘密の公表によって生ずる不利益と証言の拒絶によって犠牲になる真実発見及び裁判の公正との比較衡量により決」するという立場をとったうえで、この事件においては、保護に値する秘密にあたると判断しています（最決二〇〇六＝平一八・一〇・三）。

20 国家秘密と取材の自由

日本に限ったことではありませんが、政府にとって都合の悪い情報は隠ぺいされる傾向にあります。マス・メディアがそうした情報をどれだけ暴くことができるかが、知る権利にとって重要であることは明らかです。

国家公務員法は、職員が職務上知りえた秘密を守るよう命じており、守秘義務違反をそそのかす行為も処罰の対象になっています。一九七二年の沖縄返還をめぐって、日米間で結ばれた密約（公式発表ではアメリカが支払うことになっていた、地権者に対する土地原状回復費四〇〇万ドルを、実際には日本政府が肩代わりするという密約）にかかわる極秘電信文を新聞記者が外務省の女性事務官から入手した事件があり、事務官は国家公務員法の漏洩罪、記者はそそのかし罪違反に問われました。

最高裁は、「報道機関の国政に関する取材行為は、国家秘密の探知という点で公務員の守秘義務と対立拮抗するもの」であって、誘導的な取材が行われることもあるから、「報道機関が取材の目的で公務員に対し秘密を漏示するようにそそのかしたからといって、そのことだけで、直ちに当該行為の違法性が推定される」わけではないとしました。そして、「報道機関が公務員に対し根気強く執拗に説得ないし要請を続けることは、それが真に報道の目的からでたものであり、その手段・方法が法秩序全体の精神に照らし相当なものとして社会観念上是認されるものである限りは、実質的に違法性を欠き正当な業務行為」にあたると述べています。もっとも、この事件の具体的事実関係では、取材対象者の女性事務官と肉体関係をもつなど「人格の尊厳を著しく蹂躙した」取材行為は「法秩序全体の精神に照らし社会観念上、到底是認することのできない不相当なもの」であって、「正当な取材活動の範囲を逸脱している」と判断され、記者にも有罪判決が言い渡されました（外務省機密漏洩事件・最決一九七八＝昭五三・五・三一）。

21 通信の秘密

憲法二一条二項後段は、「通信の秘密は、これを侵してはならない」と定めています。ここでいう通信には、電話や郵便はもとより、日本国憲法制定時には存在していなかったインターネット通信も含め、すべての方法による通信が含まれます。

通信は、特定の人に意思を伝達する一つの表現行為ですので、通信の秘密の保障は、表現の自由としての意味をもちます。しかし、その主な目的は、「特定人の間のコミュニケーションの保護」にあるので、通信の秘密は、私生活・プライバシー保護の一環としての意味が重要です。

通信の秘密は、「これを侵してはならない」というのは、①公権力によって通信の内容や通信の存在自体に関する事項について調査の対象とはされないこと（公権力による積極的知得行為の禁止）、②通信業務従事者によって職務上知りえた通信に関する情報を漏洩されないということ（通信業務従事者による漏洩行為の禁止）を意味します。

通信の秘密の保障の範囲は、通信の内容そのものだけでなく、その差出人・発信人・受取人・受信人の氏名・住所・電話番号・メールアドレス・アカウント、通信の日時・通信時間・個数・データ量など、通信に関するすべての事項に及びます。しかし、現行法では、刑事訴訟法において郵便物の押収（一〇〇条・二二二条）が規定され、破産法は破産者あての郵便物などの破産管財人による開封（八二条）、関税法は税関職員による郵便物の差押え（一二二条）を定めています。受刑者など刑事施設の被収容者については、信書に対する検査や発受制限が定められています（刑事収容施設及び被収容者等の処遇に関する法律）。通信傍受法にもとづく電話やメールの傍受については、運用次第では通信の秘密を侵害することになるおそれがあります。

◆ジャニーズの「おっかけ本」◆

有名タレントたちの「おっかけ本」の出版差止めが認められた事案として、「ジャニーズ・ゴールド・マップ」事件があります。ジャニーズ事務所所属のSMAP、TOKIO、KinKi Kids、V6のメンバーたちは、ある出版社が、自宅や実家の番地、部屋番号、電話番号などが容易に判明する情報を掲載した『ジャニーズ・ゴールド・マップ』の出版を企画していることを知り、その出版・販売の差止めを求める仮処分を裁判所に申立て、これが認められました。また、その本案訴訟では、この本の出版・販売により、タレントたちはプライバシー権（私生活の平穏という人格的利益）が侵害されるとし、さらに、ジャニーズ事務所も、「所属タレントが芸能活動をしたことによって平穏な生活を奪われたりすることのないようにする職務上の義務」から生じる権利にもとづいて出版などの差止めを求めました。

東京地裁は、プライバシー権を「私生活の平穏を享受するという人格的な利益」と捉えたうえで、人は「不利益が発生するような態様で自宅や実家の所在地、電話番号を公表されない人格的利益を有し、そのような利益は、私法上保護される」とし、「著名人が公益のために一般人以上に私的な情報を明らかにすることを求められることがあったり、芸能人がその職業上、自分の日常生活についてある程度公表されることは了承しているということがあったとしても、著名人あるいは芸能人が私生活の平穏を享受するという人格的利益」を喪失するいわれはないと述べました。そして、表現の自由や出版の自由が私法秩序の上でも尊重されなければならないとしても、書籍の内容は公益を目的とするものではなく、「おっかけ」を助長して出版社の営利をはかるものであるから、「そのような性質を有する本件書籍の出版、販売という表現・出版の自由よりも」、タレントらの「人格的利益の保護が優先する」として、出版・販売の差止めを命じる判決を下しました。他方で、ジャニーズ事務所側の差止請求については、私生活の平穏を享受する人格的利益は、タレントたちそれぞれに固有のものであるとして、退けられています（東京地判一九九七＝平九・六・二三）。

第八章　集会・結社の自由

1 集会・結社の自由の意義

集会とは、多数人が政治・経済・学問・芸術・宗教などの問題に関する共通の目的をもって一定の場所に集まることをいいます。これに対して、結社とは、多数人が集会と同じくさまざまな共通の目的をもって、継続的に結合することをいいます。日本国憲法は、集会・結社の自由を言論・出版の自由と同一の条文で保障しています。

集会・結社の自由には、個人が集まったり団体を結成したりすることによって自己の精神活動の所産を具体化する、個人的な表現の自由としての意義があります。それと同時に、集合・結合を通じて集団としての意思を形成確認し、それを集団として外部に表明する自由を含んでおり、集団的表現の自由としての意義もあります。マス・メディアが巨大化し、大きな影響力をもつようになった今日では、集団的表現の自由の意義がますます重要になっているといえるでしょう。

2 集会の自由の内容と限界

集会の自由が、表現の自由の一形態として重要な意義をもつことは、日本の最高裁も認めています。一九九二年の判決は、「集会は、国民が様々な意見や情報等に接することにより自己の思想や人格を形成、発展させ、また、相互に意見や情報等を伝達、交流する場として必要であり、さらに、対外的に意見を表明するための有効な手段であるから、憲法二一条一項の保障する集会の自由は、民主主義社会における重要な基本的人権の一つとして特に尊重されなければならない」と述べています（成田新法訴訟・最大判一九九二＝平四・七・一）。

集会の自由を保障するとは、原則として、その目的、場所、公開性の有無、方法、時間などを問わず、集会を主催し、指導し、または参加するなどの行為について、公権力が制限を加えてはならないこと、または、そのような行為を公権力によって強制されないことを意味します。さらに、集会の自由には、集会に対して、道路、公園、広場、公会堂といった一定の場所の提供を公権力が拒んではならないこと、つまり、公共施設の管理者である国や地方公共団体に対し、集会をもとうとする人が、公共施設の利用を要求できる権利も含まれます。地方自治法二四四条は、

「普通地方公共団体は、正当な理由がない限り、住民が公の施設を利用することを拒んではならない」と定めるとともに、「住民が公の施設を利用することについて、不当な差別的取扱いをしてはならない」と規定しています。

集会は、多数人が集合する場所を前提とする表現活動であって、集団による行動をともなうこともあります。したがって、他の利用者との権利・利益の調整が必要になり、集会の競合による混乱を回避することも考えなければなりません。

③ 公共施設の使用

公共施設は、管理権者の許可がなければ使用することができませんが、だからといって、利用の許否が管理権者の自由裁量にゆだねられてよいわけではありません。地方公共団体の施設については、先ほど引用した地方自治法二四四条の規定があります。また、最高裁は、国の施設についても、管理権者は公共用財産の種類に応じて、また、その規模・施設を勘案して、その公共用財産としての「使命を十分達成せしめるよう適正にその管理権を行使すべき」であって、もし「その行使を誤り、国民の利用を妨げるにおいては、違法たるを免れない」と述べています（最大判一九五三＝昭二八・一二・二三）。

大阪府泉佐野市の条例では、「公の秩序をみだすおそれが場合」が市民会館使用不許可の事由にあげられていました。「関西新空港反対全国総決起集会」を開催するために、あるグループが泉佐野市民会館の使用許可を申請したところ、不許可事由に該当するとして使用が許可されず、裁判になった事案があります。最高裁は、この条例にいう「公の秩序をみだすおそれがある場合」とは「集会の自由を保障することの重要性よりも、本件会館で集会が開かれることによって、人の生命、身体又は財産が侵害され、公共の安全が損なわれる危険を回避し、防止することの必要性が優越する場合」に限定されなければならないとし、その危険性の程度としては、「単に危険な事態を生ずる蓋然性があるというだけでは足りず、明らかな差し迫った危険の発生が具体的に予見されることが必要である」と述べました。しかし、結論としては、この規制は必要かつ合理的なものであるとして憲法二一条には違反しないと判断しています（泉佐野市民会館事件・最判一九九五＝平七・三・七）。

4　公安条例による規制

憲法が集会の自由を保障しているのであれば、たとえ公共施設を使えない場合でも、本来、一般国民が自由に利用することができる公園や道路では、自由に集会や集団行動ができそうです。

しかし、地方公共団体のなかには、公安条例を制定し、道路や公園など公共の場所での集会や集団行動について事前の規制を定めているところがあります。これらの条例では、集会などを行おうとする場合に、「公共の安全」や「公共の安寧」を保持するという名目で、あらかじめ定められた期日内に、公安委員会に届出をし、あるいは、許可を受けなければならないなどと定められています。大多数の公安条例は許可制をとっていますが、許可制は、本来は国民の自由に属する行為であるにもかかわらず、許可を受けなければその行為を行うことができないという禁止の網を一般的にかぶせておき、特定の場合に、個別的に禁止を解除してその行為を行うことを許す処分を行うものです。事前の許可を受けていなかったり、許可にあたって付けられた条件に違反したりすると刑罰が科されます。

このような公安条例による事前規制は、憲法二一条に違反しないのでしょうか。最高裁は、一貫して合憲とする判断を下しています。その理由付けとして、一九五四年の判決は、①「単なる届出制を定めることは格別、そうでなく一般的な許可制を定めてこれを事前に抑制することは、憲法の趣旨に反し許されない」けれども、②「特定の場所又は方法」について、「合理的かつ明確な基準」の下での事前規制であれば許されるのであって、③「公共の安全に対し明らかな差迫った危険を及ぼすことが予見されるとき」は集団行動を禁止できると説明しています（新潟県公安条例事件・最大判一九五四＝昭二九・一一・二四）。

また、一九六〇年の最高裁判決は、集団行動の特性について、集団の潜在的な力が「甚だしい場合には一瞬にして暴徒と化」すことは「群集心理の法則と現実の経験に徴して明らかである」として、「集団行動＝潜在的暴徒」論の考え方に立ち、東京都の公安条例を合憲と判断しました。この条例は、規制対象が広汎で、場所の特定性を欠き、許可基準も不明確であるなど多くの問題がありましたが、最高裁は、「不許可の場合が厳格に制限されている」ので、「実質において届出制とことなることがない」と述べています（東京都公安条例事件・最大判一九六〇＝昭三五・七・二〇）。この判決に対しては、民主主義社会において集団行動の自由がもつ重要な意義や役割について、あまりにも無理解であるとして学説から批判が相次ぎました。

5　道路交通法による規制

公安条例のない地域でも、集団行動が道路で行われる場合には、道路交通法による規制を受けます。また、公安条例の存在するところでは、二重の規制を受けることになります。

道路交通法は、道路工事、石碑・銅像・広告板・アーチなどの設置、露店・屋台等の設置のほか、「道路において祭礼行事をし、又はロケーションをする等一般交通に著しい影響を及ぼすような通行の形態若しくは方法により道路を使用する行為又は道路に人が集まり一般交通に著しい影響を及ぼすような行為で、公安委員会が、その土地の道路又は交通の状況により、道路における危険を防止し、その他交通の安全と円滑を図るため必要と認めて定めたものをしようとする」場合は、警察署長の許可を受けなければならないと規定しています（七七条一項）。警察署長は、申請された行為が「現に交通の妨害となるおそれがないと認められるとき」や「許可に付された条件に従って行なわれることにより交通の妨害となるおそれがなくなると認められるとき」には、その申請を許可しなければなりません（七七条二項）。

最高裁は、道路交通法による規制についても合憲と判断しています。一九八二年の判決は、道路交通法七七条二項は、「明確かつ合理的な基準を掲げて道路における集団行進が不許可とされる場合を厳格に制限しており」、同法の許可制は「表現の自由に対する公共の福祉による必要かつ合理的な制限として憲法上是認される」と述べています（最判一九八二＝昭五七・一一・一六）。

6 結社の自由の内容と限界

結社の自由の保障の対象となる結社の範囲について、通説は、政治的結社のみならず、経済的、宗教的、学問的、芸術的、社交的な団体など、すべての結社が含まれるとしています。これに対して、経済活動を目的とする団体は、経済活動の所産であるから、憲法二二条一項（職業選択の自由）や二九条（財産権）の問題だと考えるべきだという見解もあります。

結社の自由の保障には、二つの意味内容があります。その第一は、個人が団体を結成すること・結成しないこと、団体に加入すること・加入しないこと、団体のメンバーとしてとどまること、団体から脱退することについて、公権力の干渉を受けないことです。第二の意味は、団体が団体としての意思を形成し、その意思を実現するためのさまざまな活動について、公権力の干渉を受けないということです。

このように結社の自由には、「団体に加入しない自由」も含まれるのですが、弁護士会・税理士会・司法書士会などのような一部の職業団体で加入強制が定められている点が問題になります。しかし、一般には、「専門的技術を要し公共的性格を有する職業の団体については、当該職業の専門性・公共性を維持するために必要で、かつ、当該団体の目的と活動が会員の職業倫理の向上や職務の改善等を図ることに限定されていることを理由として、強制設立・強制加入制をとることも許され」ています（芦部信喜『憲法』）。

結社の自由を規制する法律として、破壊活動防止法があります。この法律は、公安審査委員会が「団体の活動として暴力主義的破壊活動を行った団体に対して、当該団体が継続又は反覆して将来さらに団体の活動として暴力主義的破壊活動を行う明らかなおそれがあると認めるに足りる十分な理由があるとき」は、期間・場所を定めて、集会・集団示威運動・集団行進を禁止したり、機関紙活動を禁止したりすることができるとし（五条一項）、さらに、その団体の解散の指定を行うことができると規定しています（七条）。このような規制については、団体の活動制限が包括的すぎるのではないか、裁判所ではない公安審査委員会という行政機関が解散の指定によって結社の存在を否定することは許されるのか、といった点からその合憲性に疑問が投げかけられています。

◆フランスのアソシアシオン（非営利団体）◆

フランスには、多種多様なアソシアシオン（association）、すなわち非営利団体が存在しています。その目的は、文化・芸術活動、スポーツ、レジャー、友好団体・互助組織、教育など多岐にわたっており、日本の大学のサークル活動のようなものだと考えるとわかりやすいかもしれません。

しかし、かつてフランス法は、各種団体の活動を厳しく制限していました。なかでも、フランス革命期の一七九一年に制定された「ル＝シャプリエ法」は、同業組合を規制し、労働者・同業者の団結を禁止したことで有名です。

革命以前の時代には、さまざまな封建的・特権的な団体が存在し、自由な経済活動の妨げになっていました。そこで、フランス革命の担い手であったブルジョワジーたちは、こうした団体の排除を革命の目的に掲げたのです。革命以降、国家が「自律的な個人」を中間団体から解放することが不可欠だという考えが長らくフランスを支配することになります（営利団体だけでなく、非営利団体も）。

大革命から一世紀を経て、一九〇一年に「結社の自由」法が制定されます。これによって、ようやく非営利団体の法人格が認められました。このような歴史があるものの、今では、アソシアシオンはフランス社会に無くてはならない存在になっており、社会において重要な地位を占めているといえます。

第九章　学問の自由と教育を受ける権利

1 学問の自由の意義と内容

日本国憲法二三条は、「学問の自由は、これを保障する」と定めています。明治憲法には学問の自由を保障する規定はありませんでしたが、明治憲法時代に、学問の自由が国家権力によって侵害された歴史を踏まえて、憲法に明記されることになったものといえます。

学問の自由の内容としては、学問研究の自由、研究発表の自由、教授の自由の三つがあり、さらに、これらを担保するために「大学の自治」が保障されます。

学問研究の自由は、真理探究を目的とする内面的精神活動の自由であり、思想の自由の一部を構成しています。学問の研究は、つねに従来の考え方を批判し、新しいものを生み出そうという努力だといえます。そうだからこそ、国家権力による弾圧を受けやすく、とくに高い程度の自由が保障されなければなりません。

研究の成果を発表することができなければ、研究の意味はなくなってしまいます。したがって、学問の自由には、研究発表の自由が当然含まれます。研究発表の自由は、外面的精神活動の自由であることから、表現の自由の一部をなしていますが、憲法二三条によっても保障されます。

教授の自由については、従来は、大学などの高等学術研究教育機関における教授に限定する見解が主流でしたが、現在では、小・中・高等学校においても教育の自由が認められるべきだとする考えが支配的になっています。

憲法二三条における学問の自由の保障の意味内容として、次の二つが重要です。第一に、学問研究、研究発表、学説内容などの学問的活動とその成果を国家権力が弾圧したり、禁止したりすることは許されないということです。また第二に、憲法二三条は、教育機関で学問に従事する研究者に職務上の独立を認め、その身分を保障することを意味しています。教育内容のみならず、教育行政も政治的干渉から保護されなければならないということです。

2　学問の自由の限界

学問研究は、本来は自由にゆだねられるべきものですが、原子力研究などの大規模技術、遺伝子技術、医療技術といった先端科学技術の分野では、しばしばその規制のあり方が問題になっています。こうした先端科学技術の研究が、場合によっては、人間の尊厳や人間の生存そのものを脅かす危険をはらんでいることは否定できません。したがって、こうした危険を除去するために、例外的に「研究の自由と対立する人権もしくは重要な法的利益（プライバシーの権利、人格権ないし生命・健康に対する権利）を保護するために不可欠な、必要最小限度の国家的規律（法律による規制）を課すことが許される」という認識が広まっています（芦部信喜『憲法学Ⅲ（増補版）』）。

法律による規制のひとつの例として、「ヒトに関するクローン技術等の規制に関する法律」があります。この法律は、クローン技術が「その用いられ方のいかんによっては特定の人と同一の遺伝子構造を有する人」（人クローン個体）や「人と動物のいずれであるかが明らかでない個体」（交雑個体）を作り出すおそれがあり、「人の尊厳の保持、人の生命及び身体の安全の確保並びに社会秩序の維持」に重大な影響を与える可能性があることにかんがみ（一条）、「人クローン胚、ヒト動物交雑胚、ヒト性融合胚又はヒト性集合胚を人又は動物の胎内に移植」することを禁止しています（三条）。

3 大学の自治

日本国憲法は、大学の自治を明文で規定してはいませんが、学問の自由と大学の自治が密接不可分の関係にあることを前提として、大学の自治が憲法二三条によって保障されるものと考えられています。大学における研究教育の自由を十分に保障するために、大学の内部行政は大学の自主的な決定に任せられるべきであって、大学内部の問題に外部勢力が干渉することは排除されなければなりません。

最高裁は、「大学における学問の自由を保障するために、伝統的に大学の自治が認められている」という認識を踏まえ、「大学の学問の自由と自治は、大学が学術の中心として深く真理を探求し、専門の学芸を教授研究することを本質とすることに基づく」としており（ポポロ事件・最大判一九六三＝昭三八・五・二二）、憲法二三条を根拠に大学の自治を認めているようです。

大学が自主的に決定できる自治の範囲については、①学長や教員の人事における自治、②大学の施設管理の自治、③学生管理の自治があげられてきましたが、このほかに、④教育研究の内容・方法の自主決定権、⑤予算管理の自治も含め、大学の自治の内容をできるだけ広く捉えようとする説も有力です。

大学の自治の担い手について、以前は、教授などの研究者の組織（教授会や評議会）と考えられていましたが、一九六〇年代の大学紛争以降は、学生も自治の担い手であるべきだという議論が強くなりました。最高裁は、学生を、もっぱら施設の利用者として捉える立場をとっていますが、学生を、美術館や博物館の利用者と同視するのは妥当とは思えません。大学における不可欠の構成員として、学生は「大学自治の運営について要望し、批判し、あるいは反対する権利」をもつと述べた下級審の判決（仙台高判一九七一＝昭四六・五・二八）に賛成する見解が有力です。

大学の施設や学生の管理については、警察権力との関係が問題になります。将来起こるかもしれない犯罪の危険を見越して、警察官が警備公安活動を行うことがありますが、治安維持の名目で学問研究が阻害されるおそれもあります。学問研究の本質が、従来の考え方を批判し、新しいものを生み出そうという努力にあることを考えると、それが警察権力の監視や統制の対象にされても不思議ではありません。したがって、警察権力から大学の自主性を確保することには、大いに重要な意味があるのです。

4 教育を受ける権利

憲法二六条一項は、「すべて国民は、法律の定めるところにより、その能力に応じて、ひとしく教育を受ける権利を有する」と定め、二項では、「すべて国民は、法律の定めるところにより、その保護する子女に普通教育を受けさせる義務を負ふ。義務教育は、これを無償とする」と規定しています。

教育は、個人の人格形成にとって必要不可欠なものです。教育を施す自由や、教育を受ける権利は、自由権としての側面をもっていますが、教育について国民みずからができることには限界があります。憲法が保障しているのは、「すべて国民」が「その能力に応じて、ひとしく教育を受ける権利」であって、一部の富裕層だけが教育を自由に受けることのできる権利ではありません。教育を受ける権利は、自由権的な側面にとどまらず、国家に対して合理的な教育制度の整備と、そこでの適切な教育を求める権利として、社会権的な性格をあわせもっているのです。

5　教育を受ける権利の内容

教育を受ける権利は、かつては、①教育の機会均等を実現するための経済的配慮を国家に対して要求する権利という捉え方をされていました。しかし、現在では、②子どもの学習権を実質的に保障すべきことを国に対して要求する権利として捉えられるようになっています。ここで、子どもの学習権とは、子どもが教育を受けて学習し、人間的に発達・成長していく権利のことです。

ある下級審判決は、「子どもは未来における可能性を持つ存在であることを本質とするから、将来においてその人間性を十分に開花させるべく自ら学習し、事物を知り、これによって自らを成長させることが子どもの生来的権利であり、このような子どもの学習する権利を保障するために教育を授けることは国民的課題である」と述べています（第二次教科書訴訟杉本判決・東京地判一九七〇＝昭四五・七・一七）。

教育を受ける権利は、こうした子どもの学習権を軸として、国民が国家に対して合理的な教育制度と施設を整え、適切な教育の場を提供することを要求する権利だといえます。具体的にどのような制度や施設を整えるかは「法律の定めるところ」によるので、ある程度は立法府の裁量になりますが、その裁量は、学習権の保障という観点から制約を受けるものと考えられます。

6 教育の機会均等と義務教育の無償

教育を受ける権利について、憲法には「その能力に応じて、ひとしく」という文言が加えられています。この点については、各人の適性や能力の違いに応じて、異なった内容の教育を提供することが許される趣旨だと理解されています。教育を受ける能力とは無関係な経済的事情などによる選別は許されませんが、公正な入学試験による選別をすることは可能です。

憲法二六条二項の「普通教育を受けさせる義務」は、教育を受ける権利を実質化させたもので、国にとっては、義務教育制度を整備する義務となります。

憲法二六条二項後段の「義務教育は、これを無償とする」という規定の意味内容については、どこまで無償とするかをめぐって学説が分かれています。ひとつは、教育の対価としての授業料の無償を定めたものだという説で、もうひとつは、授業料のほか、教科書代金、教材費、学用品など、教育に必要な一切の費用は国が負担することを定めたものだとする説です。最高裁は、この点について、「無償とは授業料不徴収の意味と解するのが相当」であるとし、そのほかの教育に関する費用負担も国が行うことは望ましいことであるけれども、「それは、国の財政等の事情を考慮して立法政策の問題として解決すべき事柄」であると述べています（最大判一九六四＝昭三九・二・二六）。あらゆる教育費用の一切を国が負担すべきとまではいえないにしても、少なくとも、経済的理由により就学困難な者に対しては、憲法は、何らかの配慮や手当を行うことを要求しているものと考えるべきでしょう。

7　教育の自由と教育権

明文の規定は置かれていませんが、教育の自由は、憲法によって保障されていると考えられています。ただし、親の教育の自由も、教師の教育の自由も、子どもの学習権に仕える限度での自由であることに注意する必要があります。

国は、教育制度や施設を整え、教育の場を提供しなければなりません。しかし、教育の内容や方法をめぐって、国の考え方と教師や親の考え方が衝突することもあります。そこで、具体的な教育内容を決定・実施する権能、つまり「教育権」が、国にあるのか、それとも教師や親にあるのか、という問題が議論されることになりました。

この問題について、まず、国が教育内容について関与・決定する権能をもっているのであって、国が教師の教育の自由を制約することも原則として許されるとする見解があります。国側が主張してきた解釈で、「国家の教育権」説と呼ばれています。これに対して、教育権の主体は親を中心とする国民全体であり、国は教育の条件整備の任務を負うにとどまるのであって、公教育の内容や方法については原則として介入することができないとする見解が主張されています。これは「国民の教育権」説と呼ばれており、教育裁判で原告側が主張してきた解釈です。

8 最高裁の立場

教育権の主体は国家にあるのか、それとも国民にあるのかという議論が展開されるなかで、下級審の判決は、「国家の教育権」説に立つもの（第一次教科書訴訟高津判決・東京地判一九七四＝昭四九・七・一六）と「国民の教育権」説に立つもの（第二次教科書訴訟杉本判決・東京地判一九七〇＝昭四五・七・一七）に分かれました。

最高裁は、一九七六年の判決において、「国家の教育権」説も「国民の教育権」説も、極端かつ一方的であるとして否定し、教師に一定の範囲の教育の自由があることを肯定しながらも、児童生徒には教育内容を批判する能力がなく、教師に強い影響力があること、子どもの側に学校・教師を選択する余地が乏しいこと、全国的に一定の教育水準を確保しなければならないことから、完全な教授の自由を認めることはできないと述べました。そして、国は、「必要かつ相当と認められる範囲において」、教育内容について決定する権能を有するけれども、教育内容についての国家的介入はできるだけ抑制的であることが要請され、また、「子どもが自由かつ独立の人格として成長することを妨げるような国家的介入」は憲法二六条・一三条の規定上からも許されないとしています（旭川学テ事件・最大判一九七六＝昭五一・五・二一）。

なお、学説の中には、「教育権」という概念自体への批判も見られます。それによると「教育権」なるものは、権利であれ権限であれ、憲法上存在しうる余地のないものであって、それは、教師の自由でもなければ権利や権限でもなく、職務上の責任であり、国民の「教育を受ける権利」に対応する憲法上の義務なのだとされています（浦部法穂『憲法学教室』）。

◆学校の校則をめぐる裁判◆

中学や高校の校則では、「バイク三ない原則」（バイクの免許を取らない・乗らない・買わない）のような規制や、服装・髪型を規制するものが少なくありません。

ある私立高校の生徒が、学校に無断で普通自動車運転免許を取得し、さらに、校則で禁止されたパーマをかけたために自主退学させられ、その退学勧告の違法性を争った事件があります。最高裁は、この校則が「パーマをかけることを禁止しているのも、高校生にふさわしい髪型を維持し、非行を防止するため」のものであり、それは「社会通念上不合理なものとはいえず、生徒に対してその遵守を求める本件校則は、民法一条、九〇条に違反するものではない」と述べ、生徒側の主張を退けました（修徳高校パーマ退学訴訟・最判一九九六＝平八・七・一八）。もっとも、この事件の第一審判決は、パーマ禁止は内外両面とも清潔・高潔な品性を備えた人物を育てるという目的を実現するために不必要な措置とはいえず、独自の校風と教育方針は尊重されるべきだとしながらも、以下のように、憲法一三条によって「髪型を自由に決定しうる権利」が保障されると述べている点が注目されます。「個人の髪型は、個人の自尊心あるいは美的意識と分かちがたく結びつき、特定の髪型を強制することは、身体の一部に対する直接的な干渉となり、強制される者の自尊心を傷つける恐れがあるから、髪型決定の自由が個人の人格価値に直結することは明らかであり、個人が頭髪について髪型を自由に決定しうる権利は、個人が一定の重要な私的事柄について、公権力から干渉されることなく自ら決定することができる権利の一内容として憲法一三条により保障されている」（東京地判一九九一＝平三・六・二一）。

第一〇章　経済的自由権

1 社会的に拘束される経済的自由権

近代市民革命期の憲法や人権宣言には、職業選択の自由、営業の自由、契約の自由、財産権の保障などが掲げられていました。これらの権利や自由は、一括して経済的自由と呼ばれていますが、封建的な拘束を排して、自由な経済活動を行うために、近代市民階級（ブルジョアジー）によって主張されたものです。とくに財産権は、市民革命当初には、「神聖不可侵」の権利として厚く保護されました。

しかし、その後、資本主義の進展にともない、少数の資本家に富が集中する一方で、多くの貧困者を生み出し、社会的・経済的不平等が拡大していきました。そこで、二〇世紀の憲法は、社会国家・福祉国家の考えを取り入れ、自由な経済活動や自由競争のもたらす弊害を是正し、実質的な平等や自由を実現するために、社会権を規定するとともに、経済的自由については、社会的に拘束を負ったもの、法律による積極的な規制を広汎に受けうるものとして捉えるようになったのです。

日本国憲法は、二二条一項で、居住・移転の自由と職業選択の自由を保障し、二二条二項では、外国移住の自由と国籍離脱の自由を規定しています。さらに、二九条では、財産権を保障しています。

2 居住・移転の自由の意義

中世封建制の下では、人びとは土地に縛られ、自由に移動することはできませんでした。ところが、商工業の発達にともない、自由な労働力が必要になってくると、居住・移転の自由が事実上認められるようになります。そのため、一七八九年のフランス人権宣言をはじめ、アメリカの権利章典でも、居住・移転の自由は自明のものとされ、わざわざこれを保障するための明文規定は置かれませんでした。

居住・移転の自由は、自由主義的な資本主義経済活動の前提をなすものであることから、職業選択の自由や財産権の保障と並んで、経済的自由のひとつに数えられています。しかし、居住・

移転の自由は、身体の拘束を解くという意味もあり、人身の自由という側面をもっています。また、自由な移動の制限が、対面で行われるコミュニケーションや意見の交換を妨げ、集会・結社・集団行動の自由への抑圧となることから、表現の自由とも密接に関連するものといえます。さらに、居住・移転の自由は、人の活動領域を拡大することによって見聞を広め、知的な接触の機会を得るために必要な自由であり、個人の人格形成の基盤をなすものだと考えられています。

ある下級審判決も、憲法二二条一項の規定する「居住・移転の自由は、経済的自由の一環をなすものであるとともに、奴隷的拘束等の禁止を定めた憲法一八条よりも広い意味での人身の自由としての側面を持つ。のみならず、自己の選択するところに従い社会の様々な事物に触れ、人と接しコミュニケートすることは、人が人として生存する上で決定的重要性を有することであって、居住・移転の自由は、これに不可欠の前提というべきものである」と述べ、居住・移転の自由が多面的・複合的な性格をもつことに言及しています（ハンセン病国家賠償訴訟・熊本地判二〇〇一＝平一三・五・一一）。

3 居住・移転の自由の内容

居住・移転の自由とは、自己の住所や居所を決定し、移動する自由、自己の意に反して居住地を変更されることのない自由を意味します。居住・移転の自由が、たんなる経済的自由ではなく、精神的自由や人格形成ともかかわっていることを考えると、一時的な移動である「旅行の自由」もこれに含まれるといえるでしょう。

居住・移転の自由に対して課される制約には、主として経済的自由の側面に向けられたものと、人身の自由に向けられたものがあります。前者の例として、破産者は裁判所の許可がなければその居住地を離れることができないとする破産法一四七条・一五三条や、自衛官は「防衛大臣が指定する場所に居住しなければならない」と定める自衛隊法五五条があります。

人身の自由の側面に向けられた制約として、懲役刑・禁固刑を受けた者が刑務所に拘禁されるのは、事物の性質上当然に認められる制限として正当化されています。また、特定の病気の患者が、その居住・移転・就業などを制限され、強制的に入院させられたり、隔離されたりすることがあります。感染症予防法（感染症の予防及び感染症の患者に対する医療に関する法律）は、一類感染症（エボラ出血熱、ペスト、ラッサ熱など）の患者について「感染症のまん延を防止するため必要があると認めるとき」は入院させることができるとしています。このような措置は、放置した場合に生ずる害悪発生の蓋然性が高いため、規制の緊急性と必要性を認めるに足りる最小限度の措置として、合憲であると考えられています。

かつて、ハンセン病予防のための措置として、伝染させるおそれのある患者を療養所に強制的に隔離することが、「らい予防法」（現在は廃止）で定められていました。このような隔離規定について、二〇〇一年の熊本地裁判決は、法制定当時のハンセン病医学の状況などに照らして、当初から「既に、ハンセン病予防の必要を超えて過度な人権の制限を課すものであり、公共の福祉による合理的な制限を逸脱していた」として、憲法一三条を根拠とする人格権への侵害にあたると判断しています（ハンセン病国家賠償訴訟・熊本地判二〇〇一＝平一三・五・一一）。

4 海外渡航の自由

憲法二二条二項は、「何人も、外国に移住」する自由を侵されないと定め、外国移住の自由を保障しています。一時的な外国旅行などの海外渡航の自由も、外国への移住に類似するものとして、憲法によって保障されると考えられています。その根拠規定については、憲法二二条二項を根拠とする説が多数ですが、二二条一項を根拠とする説、一三条の幸福追求権を根拠とする説に分かれています。

海外渡航にはパスポート（旅券）の所持が義務づけられています。旅券法には、「著しく、かつ、直接に日本国の利益又は公安を害する行為を行うおそれがあると認めるに足りる相当の理由がある者」に対して、外務大臣が旅券の発給を拒否できるという規定（一三条）があり、これが違憲かどうかが問題になりました。ある政治家（元参議院議員、のちに衆議院議員）がモスクワで開催される会議に出席するため旅券を申請したところ、外務大臣（吉田茂）がその発給を拒否したのです。

最高裁は、この旅券法の規定について、外国旅行の自由に対して「公共の福祉」のために合理的な制限を定めたものであるから違憲ではないとする判決を下しました（帆足計事件・最大判一九五八＝昭三三・九・一〇）。しかし、パスポートは、渡航者とパスポート保持者の同一性を公に証明し、滞在国に保護を依頼するために政府が発行する身分証明書であって、政策的な制約を受けうる渡航許可証ではありません。学説では、旅券法一三条のような「漠然かつ不明確」な基準によって外国旅行を規制することは、憲法上の権利を政府の自由裁量によって奪ってしまう可能性があり、文面上違憲であるとする説が多数となっています。外国旅行の自由は、経済的自由としての性質をもつにとどまらず、精神的自由としての側面をもつことを考えると、このような不明確な法文にもとづく制限は違憲の疑いが強いといわなければなりません。

5 国籍離脱の自由

国籍とは、特定の国家の構成員である資格を意味します。明治憲法時代の国籍法では、個人の意思で国籍を離脱することは許されておらず、原則として政府の許可が必要でした。

日本国憲法は、二二条二項で、何人も「国籍を離脱する自由を侵されない」と規定し、国籍離脱の自由を保障しています。国籍法は、これをうけて、「日本国民は、自己の志望によつて外国の国籍を取得したときは、日本の国籍を失う」（一一条一項）、「外国の国籍を有する日本国民は、法務大臣に届け出ることによつて、日本の国籍を離脱することができる」（一三条一項）と定め、本人の志望にもとづく国籍離脱の規定を置いています。もっとも、近年のグローバル化の流れの中で、国籍の任意取得による重国籍を容認する動きが海外では広がっています。日本においても、憲法上、個人の人格的利益や自己決定を尊重する観点から、従来の厳格な重国籍防止の考え方は再検討を迫られつつあります。

6 職業選択の自由の意義

憲法二二条一項は、職業選択の自由を保障しています。職業選択の自由には、①自己の従事する職業を決定する自由、および、②自己の選択した職業を遂行する自由が含まれます。営利をめざす継続的・自主的な活動である「営業の自由」についても、通説的見解は、憲法二二条一項の職業選択の自由に含まれるとしています。最高裁も、「憲法二二条一項は、国民の基本的人権の一つとして、職業選択の自由を保障しており、そこで職業選択の自由を保障するというなかには、広く一般に、いわゆる営業の自由を保障する趣旨」を含んでいると述べています（最大判一九七二＝昭四七・一一・二二）。

これに対して、個人の営業活動は財産権行使の側面をあわせもつことを前提に、営業の自由は、職業選択の自由を保障する憲法二二条一項と同時に、財産権を保障する二九条によって根拠づけられているとする説もあります。この説によると、「開業の自由、営業の維持・存続の自由、廃業の自由」は憲法二二条一項によって保障され、「何をいくらで誰に売るか」とか、「誰から仕入れるか」といった営業活動の自由は憲法二九条から導かれると説明されています。

7 職業選択の自由に対する規制

憲法二二条一項は、職業選択の自由について、「公共の福祉に反しない限り」という条件をつけています。職業選択の自由は、表現の自由などの精神的自由に比べて、一般に、より強い規制を受けるものとされています。その理由としては、①無制限な職業活動を許すと、社会生活における公共の安全や秩序の維持が脅かされるおそれが大きいこと、②現代社会の要請する社会国家の理念を実現するためには、政策的な配慮にもとづく積極的な規制を加えることが必要だと考えられるからです。最高裁も、①に関して、「個人の自由な経済活動からもたらされる諸々の弊害が社会公共の安全と秩序の維持の見地から看過することができないような場合に、消極的に、かような弊害を除去ないし緩和するために必要かつ合理的な規制」を加えること、また、②に関して、「積極的に、国民経済の健全な発達と国民生活の安定を期し、もって社会経済全体の均衡のとれた調和的発展を図るために、立法により、個人の経済活動に対し、一定の規制措置を講ずることも、それが右目的達成のために必要かつ合理的な範囲にとどまる」ものであれば許されると述べています（最大判一九七二＝昭四七・一一・二二）。

8 規制手段と規制目的

規制手段としては、①届出制（理容業、クリーニング業など）、②許可制（飲食業、風俗営業、貸金業など）、③資格制（医師、薬剤師、弁護士など）、④特許制（電気、ガス、鉄道などの公益事業）、⑤国家独占（旧郵便事業や旧たばこ専売制）といったものがあります。これらの規制は、通常、規制の目的に応じて区別されます。

まず、消極目的規制は、主として国民の生命・健康に対する危険を防止するために、職業の選択・遂行に対して課せられる予防的・警察的な規制です。一般に、各種の営業許可制は、消極目的規制に属するものとされています。これに対して、積極目的規制は、社会国家の理念にもとづいて、経済の調和のとれた発展を確保し、とくに社会的・経済的弱者を保護するためになされる規制です。大規模店舗や巨大資本から中小企業・個人商店を保護するための競争制限のほか、電気・ガス・鉄道のように、事業の性質上、独占にならざるを得ないものについて、その経営能力をもつ事業者に特許を付与する特許制などは積極目的規制に属するとされています。

職業選択の自由を規制する法律が合憲か違憲かを判定するにあたっては、比較的ゆるやかな審査基準である「合理性」の基準が用いられます。一般人を基準にして、規制の「目的」と、その目的を達成する「手段」の双方について、どちらにも合理性が認められるかどうかを審査するもので、立法府の下した判断に一応合理性があることを前提としています。

この「合理性」の基準は、規制の目的に応じて二つに分けて用いられるようになります。つまり、消極目的規制については、「厳格な合理性」の基準が適用され、積極目的規制については、これよりもゆるやかな「明白性の原則」が適用されると考えられるようになります。消極目的規制に用いられる「厳格な合理性」の基準とは、その規制が重要な公共の利益のために必要かつ合理的なものであるかどうかを審査し、その規制手段よりもゆるやかな制限では同じ目的を十分に達成することが不可能かどうかを審査するものです。これに対して、「明白性の原則」とは、規制措置が「著しく不合理であることの明白である場合に限って、これを違憲」とするもので、社会国家の理念にもとづく社会経済政策の実現を目的とする規制については、立法府の広い裁量が認められることになります。

9 小売市場の距離制限

小売商業調整特別措置法は、小売市場について、「一の建物であつて、その建物内の店舗面積の大部分が五十平方メートル未満の店舗面積に区分され、かつ、十以上の小売商の店舗の用に供されるもの」（三条）と定義しています。また、この法律は、小売市場とする「建物の全部又は一部をその店舗の用に供する小売商に貸し付け、又は譲り渡」すには、「都道府県知事の許可」を受けなければならないと定めています。これを受けて、たとえば大阪府では、開設を許可する条件として、既存の小売市場から七〇〇メートル以上離れていることを要求する距離制限が課されていました。

このような規制が合憲かどうかが争われた事件で、最高裁は、経済活動の規制について、積極目的規制と消極目的規制を区別したうえで、積極目的規制に対しては、ゆるやかな基準である「明白性の原則」が妥当するとしました。そして、この距離制限については、経済的基盤の弱い小売商を相互間の過当競争による共倒れから保護するという積極目的規制であるとして、この規制を合憲と判断しました（最大判一九七二＝昭四七・一一・二二）。

10 薬局の距離制限

小売市場と同様に、薬局の開設についても、かつては、薬事法や各地の条例にもとづく距離制限が課されていました。最高裁は、消極目的規制については、規制の必要性・合理性の審査と、よりゆるやかな規制手段で同じ目的が達成できるかどうかの検討が必要であるとし、薬局の距離制限は国民の健康・生命に対する危険の防止という消極目的規制であるとしました。そして、この規制については、「競争の激化―経営の不安定―法規違反という因果関係に立つ不良医薬品の供給の危険が、薬局の段階において、相当程度の規模で発生する可能性があるとすることは、単なる観念上の想定にすぎず、確実な根拠に基づく合理的な判断とは認めがたい」と述べ、不良医薬品が出回る危険性は行政上の取締りの強化によっても十分達成できるとして、薬事法の距離制限規定を違憲とする判決を下しました（最大判一九七五＝昭五〇・四・三〇）。

このように、積極目的規制と消極目的規制という二つの規制の類型に対応する違憲審査基準は、学説においても、一般に支持されていました。他方で、規制の目的だけでなく、規制の態様もあわせて考えるべきだと説く見解もあります。そうした考え方からすると、積極目的規制であったとしても、市場への新規参入制限のような職業選択の自由そのものに対する制限で、本人の能力とは関係なく課せられる制限については、厳格な違憲審査が求められることになります。

積極目的・消極目的の区別は、相対的なものにすぎず、もともと消極目的規制と考えられていたものが、積極目的の要素を含むようになることもあります。そのような例として、公衆浴場（銭湯）の距離制限があります。

11 公衆浴場の距離制限

公衆浴場法や条例による距離制限の合憲性について、最高裁は、一九五五年の判決では、公衆浴場が「多数の国民の日常生活に必要欠くべからざる、多分に公共性を伴う厚生施設」であり、適正な配置がなされなければ「その偏在により、多数の国民が日常容易に公衆浴場を利用しようとする場合に不便を来たす」おそれがあり、また、「その濫立により、浴場経営に無用の競争を生じその経営を経済的に不合理ならしめ、ひいて浴場の衛生設備の低下等好ましからざる影響を来たす」おそれがあるとして、「国民保健及び環境衛生」の見地からすれば、公衆浴場の配置が適正を欠き、弊害が生じることは、公共の福祉に反すると述べ、距離制限を合憲と判断しました（最大判一九五五＝昭三〇・一・二六）。

しかし、その後、一般家庭に自家風呂が普及するようになると、公衆浴場の経営は苦しくなり、転廃業が相次ぎます。残った公衆浴場は、自家風呂をもたない人の需要に応える公共施設として、その経営を安定させる必要性が高まってきます。そこで、一九八九年一月の最高裁判決は、「公衆浴場業者が経営の困難から廃業や転業をすることを防止し、健全で安定した経営を行えるように種々の立法上の手段をとり、国民の保健福祉を維持することは、まさに公共の福祉に適合する」として、積極的・社会経済政策的なものであるとし、距離制限規定には必要性・合理性が認められ、「著しく不合理であることの明白な場合」にはあたらないとして、合憲とする判断が下されました（最判一九八九＝平一・一・二〇）。

12 酒類販売の免許制

規制の目的を積極目的規制・消極目的規制のいずれかに割り切り、違憲審査基準をそれに対応させることが困難な場合もあります。その例として、酒類販売の免許制があげられます。

酒類を販売するには、酒税法により、税務署長の免許が必要とされています。酒税法一〇条には、申請者の「経営の基礎が薄弱であると認められる場合」には税務署長は免許を与えないことができると定められており、こうした規制は、はたして合憲なのかが争われました。

最高裁は、「租税の適正かつ確実な賦課徴収を図るという国家の財政目的のための職業の許可制による規制については、その必要性と合理性についての立法府の判断」が「政策的、技術的な裁量の範囲を逸脱するもので、著しく不合理なものでない限り」憲法二二条一項に違反しないとする一般論を述べました。そして、国税全体に占める酒税の割合は低下したとはいえ、免許制はいまだ合理性を失うにはいたっておらず、酒税は消費者に負担が転嫁されるべきものであること、酒類は致酔性のある嗜好品であって販売秩序維持のために販売を規制されてもやむを得ないことを考慮すると、免許制を存置すべきものとした立法府の判断が裁量の範囲を逸脱し著しく不合理であるとまではいえないとして合憲とする判決が下されました（最判一九九二＝平四・一二・一五）。

13 財産権保障の意味

一七八九年のフランス人権宣言が、「所有権は、神聖かつ不可侵の権利である」とうたっていたように、近代市民革命期の憲法や人権宣言では、財産権は、とりわけ厚く保障されるべき権利として位置づけられていました。しかし、資本主義の進展にともない社会的・経済的不平等が拡大するなど数々の弊害が生じたことへの反省や、社会国家思想の影響もあって、二〇世紀に入ると、財産権は、社会的な拘束を負ったものと考えられるようになります。「所有権は義務をともなう。その行使は、同時に公共の福祉に役立つべきである」と規定した一九一九年のワイマール憲法がその典型です。

日本国憲法は、二九条一項で、「財産権は、これを侵してはならない」と規定しています。ここでいう「財産権」とは、一切の財産的価値をもつ権利のことです。所有権がその典型ですが、それ以外の物権や債権、特許権・著作権・商標権・意匠権などの知的財産権、鉱業権・漁業権などの特別法上の権利、さらに、水利権・河川利用権などの公法上の財産的権利も財産権に含まれます。

通説によると、憲法二九条一項の規定には、①個人が現に有する具体的な財産権を保障するという意味と、②個人が財産権を享有しうる法制度＝私有財産制の保障という意味があると考えられています（権利・制度両面保障説）。最高裁も、こうした通説的な見地から、二九条一項は、「私有財産制度を保障」するとともに、「社会的経済的活動の基礎をなす国民の個々の財産権につきこれを基本的人権として保障する」ものであると説いています（森林法事件・最大判一九八七＝昭六二・四・二二）。

14 財産権の制限

憲法二九条二項は、「財産権の内容は、公共の福祉に適合するやうに、法律でこれを定める」と規定しています。ここでいう「公共の福祉」による制約には、二つの意味が含まれています。ひとつは、内在的制約、つまり、他人の生命・健康・尊厳性、他人の人権との調整という観点からの制約で、各人の権利の公平な保障をめざしたものです（自由国家的公共の福祉）。もうひとつは、社会権の実現、経済的・社会的弱者保護のための政策的考慮にもとづく制約であり、各人の人間的な生存の確保をねらったものです（社会国家的公共の福祉）。

憲法二九条二項が、財産権の内容は「法律」で定めるとしているにもかかわらず、地方公共団体の制定する条例によって財産権を制限することは可能なのでしょうか。最高裁は、ため池の堤とう（土手）に農作物を植えるのを禁止した奈良県の条例の合憲性が争われた事件で、条例による制限を認める判断を示しています（奈良県ため池条例事件・最大判一九六三＝昭三八・六・二六）。また、各地で、公害規制条例が制定され、国の基準よりも厳しい基準が課されているところもありますが、こうした財産権の規制は「法律の範囲内で」という制約の下で認められると考えられています。

15 森林法事件

財産権に関する重要な判例として、一九八七年の森林法事件の最高裁判決があります。かつて、森林法には、「森林の共有者は、民法第二五六条第一項の規定にかかわらず、その共有に係る森林の分割を請求することができない。ただし、各共有者の持分の価額に従いその過半数をもつて分割の請求をすることを妨げない」という規定がありました（旧一八六条）。ある兄弟が、父から森林を生前贈与され、これを共有していましたが、両者の関係が悪化したため、弟が兄に対して共有森林の分割を請求したところ、この森林法の規定によって阻まれてしまいました。そこで、弟の側は、なんとか森林を分割し、自由に自らの分を管理・処分したいと考え、森林法の分割制限規定は憲法二九条に違反すると主張して争うことになったのです。

最高裁は、この事件の判決で、財産権に対する規制の目的が「社会公共の便宜の促進、経済的弱者の保護等の社会政策及び経済政策上の積極的なものから、社会生活における安全の保障や秩序の維持等の消極的なものに至るまで多岐にわたるため、種々様々でありうる」ことから、「財産権に対して加えられる規制が憲法二九条二項にいう公共の福祉に適合するものとして是認されるべきものであるかどうかは、規制の目的、必要性、内容、その規制によって制限される財産権の種類、性質及び制限の程度等を比較考量して決すべき」であると述べました。そして、裁判所としては、立法府の比較考量にもとづく判断を尊重すべきであって、立法の規制目的が公共の福祉に合致しないことが明らかであるか、規制手段が目的達成のための手段として必要性・合理性に欠けていることが明らかである場合にかぎり、憲法二九条二項に違反すると判断すべきだとしました。そのうえで、この森林法の規定については、「森林の細分化を防止することによって森林経営の安定を図り、ひいては森林の保続培養と森林の生産力の増進を図り、もつて国民経済の発展に資すること」という立法目的は公共の福祉に合致するが、目的達成手段として、共有森林につき持分価額二分の一以下の共有者に分割請求権を否定することには合理性・必要性が認められないとし、憲法二九条二項に違反するとの判決を下しました（森林法事件・最大判一九八七＝昭六二・四・二二）。

すでに説明したように、職業選択の自由に対する規制の合憲性を判断するにあたって、最高裁判決の中には、その規制の目的が積極的なものか、消極的なものかで審査の厳格度が異なるとする考えをとるものがありました（小売市場距離制限事件や薬局距離制限事件など）。これに対して、財産権に対する規制が問題となった森林法事件の判決では、たしかに、「積極的なもの」とか「消極的なもの」という言葉は使われていますが、こうした考えが明確に示されているわけではありません。二〇〇〇年以降の判例を見ても、職業選択の自由に対する規制であれ、財産権に対する規制であれ、最高裁は、積極・消極という言葉を用いることなしに、規制立法の合憲性を審査する事例が相次いでいます。

16 証券取引法事件

旧証券取引法（現在の金融商品取引法）には、インサイダー情報の不当利用を防止するために、上場会社の主要株主がその会社の株を買い付けた後、あるいは、売り付けた後、六か月以内にそれを売り付け・買い付けて利益を得た場合には、会社はその利益の提供を請求することができるという規定（短期売買差益提供義務）が置かれていました。実際に、この規定により、ある会社から利益の提供を請求された人が、インサイダー情報の不当利用や一般投資家の損害の発生のない場合にまで、この規定を適用するのは憲法二九条違反であると主張して争われた事件があります。

最高裁は、二〇〇二年の判決で、「財産権は、それ自体に内在する制約がある外、その性質上社会全体の利益を図るために立法府によって加えられる規制により制約を受けるものである」とし、「財産権に対する規制が憲法二九条二項にいう公共の福祉に適合するものとして是認されるべきものであるかどうかは、規制の目的、必要性、内容、その規制によって制限される財産権の種類、性質及び制限の程度等を比較考量して判断すべき」であると述べました。ここでは、森林法事件の最高裁判決とほとんど同じ文章が使われています。そして、旧証券取引法の規定については、「証券取引市場の公平性、公正性を維持するとともにこれに対する一般投資家の信頼を確保するという目的による規制を定めるものであるところ、その規制目的は正当であり、規制手段が必要性又は合理性に欠けることが明らかであるとはいえない」のであって、この規定は「公共の福祉に適合する制限を定めたものであって、憲法二九条に違反するものではない」として合憲判決を下しました（証券取引法事件・最大判二〇〇二＝平一四・二・一三）。

17 損失補償

憲法二九条三項は、「私有財産は、正当な補償の下に、これを公共のために用ひることができる」と定めています。これは、公共の目的を達成する必要があるときには、公権力は、私有財産を収用したり、制限したりすることができること、そして、その場合には正当な補償を行うべきことを明らかにしたものです。

ここで、「公共のために用ひる」とは、道路・空港・学校・ダムの建設といった公共事業のための収用だけでなく、社会権の実現や、経済的・社会的弱者の保護を目的とする制限であって、特定の人の財産権を奪うような場合も含むものと考えられています。

私有財産が「公共のために用ひ」られたとして、補償が必要になるのは、どのような場合でしょうか。一般には、憲法二九条三項によって補償が必要になるのは、特定の人に対してその財産権に内在する社会的・自然的な制約を超えて、「特別の犠牲」が課される場合だと説明されています。この「特別の犠牲」とは何かをめぐって、学説は分かれています。

ひとつの考え方は、「特別の犠牲」にあたるかどうかは、①侵害行為が広く一般人を対象とするものか、それとも、特定の個人・集団を対象にするものか（形式的要件）、②侵害行為が財産権に内在する制約として受忍すべき限度内にあるのか、それとも、財産権の本質的内容を侵すほどに強度なものか（実質的要件）という二つの要件を考慮して判断すべきだとするものです（形式・実質二要件説）。

これに対して、実質的要件を中心に補償が必要かどうかを判断すべきだとする説もあります（実質的要件説）。この説によると、①財産権の剥奪や、財産権の本来の効用の発揮を妨げるような侵害については、当然、補償が必要になるけれども、②そこまでいたらない規制については、第一に、その財産権の規制が社会的共同生活との調和を保っていくために必要とされるものである場合には社会的拘束のあらわれとして、補償は不要とされ、第二に、他の特定の公益目的のために、その財産権の本来の社会的効用とは無関係に、偶然に課せられる制限である場合には補償が必要になるとされています。

ところで、予防接種の副作用による後遺症・死亡事故のような生命・身体に対する侵害についても、憲法二九条三項を根拠に補償を請求することができるのでしょうか。ある下級審の判決には、「一般社会を伝染病から集団的に防衛するためになされた予防接種により、その生命、身体について特別の犠牲を強いられた」被害児やその両親は、「憲法二九条三項の類推適用」により損失の正当な補償を国に請求することができるとしたものがあります（東京地判一九八四＝昭五九・五・一八）。この判決を支持する学説は多いものの、こうした考え方を突きつめていくと、「正当な補償」さえあれば、生命・身体の「収用」が許されるという論理になりかねず、危険ではないのかという批判も有力です。

18「正当な補償」とは？

「特別の犠牲」に該当し、損失補償が必要だとされた場合、今度は、具体的な補償額が問題になります。

原則としては、憲法二九条三項のいう「正当な補償」とは、その財産の客観的な市場価値を全額補償すべきことを意味するのだと考えられています（完全補償説）。しかし、判例は、かならずしもつねに補償額が市場価格と完全に一致することを要求しているわけではないようです。古い判例ですが、「憲法二九条三項にいうところの財産権を公共の用に供する場合の正当な補償とは、その当時の経済状態において成立することを考えられる価格に基き、合理的に算出された相当な額をいうのであって、必しも常にかかる価格と完全に一致することを要するものでない」と述べているからです（最大判一九五三＝昭二八・一二・二三）。ただ、これは、戦後の農地改革における農地買収価格がきわめて低かったことから、地主たちが買収価格の増額を求めて争った事件であり、特殊で例外的な事例であることに注意する必要があります。

個人の生活の基盤となっていた財産が奪われる場合には、補償の要否・程度を、たんに財産権補償という観点からのみ考えるのでは不十分であり、職業のあっせんなど、生活基盤の維持・回復まで考慮に入れることが必要だとする見解も主張されています。判例は、そのような生活権の補償まで認めることに消極的ですが、実際には立法による補償が行われる事例もあります。たとえば、水源地域対策特別措置法には、「指定ダム等の建設又は整備事業の実施に伴い生活の基礎を失うこととなる者」について、行政やダム建設業者が、必要とされる場合には、宅地や農地用の土地の取得、住宅・店舗などの建物の取得、職業の紹介などの「生活再建のための措置」のあっせんに努めるべきだという規定が置かれています（八条）。

◆酒造りの自由◆

スーパーでぶどうを買ってきて、そのまま食べたり、お菓子にしたり、ジュースを作ることはだれでも自由にできます。しかし、そのぶどうでワインを造ることは、たとえ二〇歳以上の人でも法律で禁止されています。海外では、自分で飲むための酒造りを認めている国も多いのですが、日本では、酒税法で禁止されており、違反すると「十年以下の懲役又は百万円以下の罰金」が科されます（酒税法五四条）。合法的に造るには免許が必要ですが、年間八〇〇〇本以上のワインを毎年造りつづけなければならないなど条件が非常に厳しく、個人が自分で飲むためにワインを造るのは現実的には不可能です。

以前、自分で造ったお酒（どぶろく）を飲む自由をめぐって争われた事件があります。しかし、最高裁は、自己消費目的の酒造りの自由を制約することは、幸福追求権を保障する憲法一三条や、財産権を保障する二九条に違反するものではないとして、どぶろくを造った人に有罪判決を下しました。こうした規制について、最高裁は、自己消費を目的とする酒類製造を「放任するときは酒税収入の減少など酒税の徴収確保に支障を生じる事態が予想」されるため、「国の重要な財政収入である酒税の徴収を確保する」ことをねらったものであると述べています（どぶろく事件・最判一九八九＝平一・一二・一四）。

第一一章　人身の自由

1 奴隷的拘束からの自由

人身の自由とは、不当に身体の拘束を受けない自由のことです。もともと、絶対王政の時代に、国王権力による恣意的な刑罰権の行使に対抗するべく主張されたものです。古くは、一三世紀イギリスのマグナ・カルタに、同輩による合法的な裁判や人身の自由を定めた規定が置かれていました。

日本国憲法は、一八条において、「何人も、いかなる奴隷的拘束も受けない。又、犯罪に因る処罰の場合を除いては、その意に反する苦役に服させられない」と定めています。このような規定は明治憲法には置かれていませんでした。

憲法一八条にいう「奴隷的拘束」とは、人格を否定するような身体の自由の拘束を意味します。

監獄部屋や人身売買などがこれにあたります。人を奴隷的拘束に置くことは絶対的に禁止され、たとえ本人の同意があっても許されません。

「苦役」とは、通常人からみて普通以上に苦痛に感じられるような任務のことで、「その意に反する苦役」とは、本人の意思に反して強制される労役を意味します。憲法一八条は、「犯罪に因る処罰の場合」は、苦役を強制することも例外的に許されるとしており、懲役刑における一定の労働の強制がこれにあたります。もっとも、刑罰は、合理的範囲内のもののみが認められるのであって、不必要な精神的・肉体的苦痛を与えるもの、過酷な作業を強制するようなものは、憲法に違反すると考えられます。

諸外国では徴兵制がとられている国もありますが、日本国憲法の下で兵役を強制することは、憲法九条とともに一八条にも違反するといえます。他方で、火事や自然災害などの非常時に、たまたま現場周辺に居合わせた人などを、危険防止や救助のための活動に従事させることを定めた法律があります。たとえば、消防法には「消防吏員又は消防団員は緊急の必要があるときは、火災の現場附近に在る者を消火若しくは延焼の防止又は人命の救助その他の消防作業に従事させることができる」（二九条五項）という規定が置かれていますが、こうした活動を命ずることが一八条に違反するのではないかという点が問題になります。しかし、学説のほとんどは、こうした規定は合憲であるとしています。

裁判員になることは、基本的に国民の権利として位置づけられていますが、これを苦役と考える人にまで強制できるかどうかが問題になります。人が人を裁くことはできないという信条をもつ人や、死刑制度に強く反対している人に対して、死刑の可能性がある事件の裁判員になることを強制するのは難しいようにも考えられます。最高裁は、裁判員の辞退について柔軟な制度が設けられていること、旅費などを支給することで負担を軽減する措置がとられていることを理由に、裁判員の職務は苦役にはあたらないとする判決を下しています（最大判二〇一一＝平二三・一一・一六）。

2 適正手続の保障

適正手続のねらいは、国家の刑罰権・行政権の行使を法の定める適正な手続に従わせることによって、人権侵害の危険を抑制することにあります。

イギリスのマグナ・カルタは、「自由人は、その同輩の合法的裁判によるか、または国法によるのでなければ、逮捕、監禁、差押、法外放置、もしくは追放をうけまたはその他の方法によって侵害されることはない」（三九条）と定めていました。このような適正な法手続の観念は、その後、コモン・ローとして発展していき、アメリカにも継受されます。アメリカ合衆国憲法修正一四条は、「いかなる州も、法の適正な手続によらないで、何人からも生命、自由または財産を奪ってはならない」と規定しています。

一七八九年のフランス人権宣言には、「何人も、法律により定められた場合で、かつ、法律の命ずる形式によるのでなければ、訴追も逮捕も拘留もされない」（七条）、あるいは、「法律は、絶対かつ明白に必要な刑罰しか定めてはならず、何人も、犯行以前に制定・公布され、かつ適法に適用された法律によらなければ、処罰されない」（八条）といった規定が置かれていました。フランスをはじめとするヨーロッパ大陸の国々では、議会優位の下で、このように法律によって手続や実体の保障を図ろうという発想が見られました。

明治憲法は、二三条で「法律ニ依ルニ非スシテ逮捕監禁審問処罰ヲ受クルコトナシ」と定めていましたが、「法律」の内容が適正であることを担保する原則は示されておらず、一定の場合には、法律ではなく、行政命令によって罰則を定めることも可能とされていました。

日本国憲法三一条は、「何人も、法律の定める手続によらなければ、その生命若しくは自由を奪はれ、又はその他の刑罰を科せられない」と定めています。この条文は、手続が法律で定められること（法定手続）を要求しているだけのように読めるかもしれません。しかし、それだけではなく、①法律で定められた手続が適正でなければならないこと（告知と聴聞の手続など）、②犯罪や刑罰の要件（実体）もまた法律で定められなければならないこと（罪刑法定主義）、③法律で定められた実体規定も適正でなければならないこと、まで意味するものと一般に考えられています。

①でとりわけ重要なのが、「告知と聴聞」を受ける権利です。「告知と聴聞」とは、公権力が国民に不利益を課す場合には、当事者にあらかじめその内容を告知し、当事者に弁解と防禦の機会を与えなければならないということです。もし、どのような犯罪の疑いで訴追されているかを知らされなかったり、それについての自己の言い分を聞いてもらえないとしたら、その手続は適正だとはいえません（たとえば、試験中にカンニングの疑いをかけられ、何も言い訳をする機会を与えられないままに、停学処分を下されることを想像してください）。最高裁は、密輸事件で、付加刑として、被告人とは別の第三者の所有する貨物まで没収する場合には、その第三者に対して「告知、弁解、防禦の機会を与えることが必要」であり、その機会を与えなかった没収手続は憲法三一条や二九条（財産権）に違反するという判決を下しています（第三者所有物没収事件・最大判一九六二＝昭三七・一一・二八）。日本語を十分に理解できない外国人に対し、翻訳や通訳などのサポートをすることなしに刑事手続を進めることも憲法三一条に違反するおそれがあります。

憲法三一条は、「その他の刑罰を科せられない」と定めていますので、直接には刑事手続についての規定だといえます。しかし、伝染病を予防するための強制収容や、税務調査のための事業所への立入りといった行政手続にも、憲法三一条の保障が及ぶものと考えられています。もっとも、最高裁は、行政手続といっても多種多様なので、実際に事前の告知、弁解、防禦の機会を与えるかどうかは、行政処分によって制限を受ける権利利益の内容、性質、制限の程度、行政処分によって達成しようとする公益の内容、程度、緊急性などを総合的に較量して決定すべきであって、かならずつねに、そのような機会を与えることが必要となるわけではない、と述べています（成田新法訴訟・最大判一九九二＝平四・七・一）。なお、行政手続法では、不利益処分について聴聞および弁明の機会を付与することが明示的に規定されています。

3 不法な逮捕・抑留・拘禁からの自由

日本国憲法は、捜査段階における被疑者の権利として、不法な逮捕・抑留・拘禁からの自由と、住居の不可侵を定めています。

憲法三三条は、「何人も、現行犯として逮捕される場合を除いては、権限を有する司法官憲が発し、且つ理由となつてゐる犯罪を明示する令状によらなければ、逮捕されない」と規定しています。「司法官憲」とは、裁判官のことです。

犯罪による逮捕には、裁判官の発する令状（逮捕状など）が必要です。これは、人身の自由が恣意的に侵害されることを阻止するためです。逮捕直後に令状が発せられる「緊急逮捕」については、異論はあるものの、最高裁は、「厳格な制約の下に、罪状の重い一定の犯罪のみについて、緊急已むを得ない場合に限り」認められると判断しています（最大判一九五五＝昭三〇・一二・一四）。

本来の捜査対象（本件）については逮捕できるだけの十分な理由や証拠がないとき、実際にはその取調べをする目的で、軽微な別の事件（別件）を口実に被疑者を逮捕する「別件逮捕」が行われることがあります。これは、肝心の本件について裁判官の事前審査を回避することで、令状主義の存在意義がなくなってしまうので、違憲の疑いがあると指摘されています。

憲法三四条は、「何人も、理由を直ちに告げられ、且つ、直ちに弁護人に依頼する権利を与へられなければ、抑留又は拘禁されない。又、何人も、正当な理由がなければ、拘禁されず、要求があれば、その理由は、直ちに本人及びその弁護人の出席する公開の法廷で示されなければならない」と定めています。ここで「抑留」とは、身体の拘束のうち一時的なもので、逮捕・勾引にともなう留置（刑事訴訟法二〇三条一項、二〇四条一項、二〇五条一項・二項）がこれにあたります。また、「拘禁」は、より継続的な身体の拘束で、勾留（刑事訴訟法六〇条、二〇四条以下）や鑑定留置（一六七条）が該当します。

4 住居等の不可侵

憲法三五条一項は、「何人も、その住居、書類及び所持品について、侵入、捜索及び押収を受けることのない権利は、第三十三条の場合を除いては、正当な理由に基いて発せられ、且つ捜索する場所及び押収する物を明示する令状がなければ、侵されない」と規定しています。「住居、書類及び所持品」について、恣意的な「侵入、捜索及び押収」を行うことは禁止されます。ここでの「侵入」は、物理的に住居などの内部に押し入ることのみならず、盗聴なども問題となります。また、「住居」とは、「およそ人が私生活の保護について合理的期待を抱く場所」であり、事務所や研究室なども含まれます。捜査対象者の自動車に令状なしにGPS端末を取り付け、位置情報を取得するといった捜査方法について、最高裁は、「合理的に推認される個人の意思に反してその私的領域に侵入する捜査手法であるGPS捜査は、個人の意思を制圧して憲法の保障する重要な法的利益を侵害する」と述べて、憲法三五条一項の適用を認めています（最大判二〇一七＝平二九・三・一五）。

憲法三五条一項によると、例外的に住居への侵入などが許されるのは、①「正当な理由に基いて発せられ、且つ捜索する場所及び押収する物を明示する令状」による場合と、②憲法三三条による適法な逮捕の場合です。しかし、これらの要件さえ整えば、つねに侵入・捜索・押収が許されるというわけではありません。とくに身体に対する侵入は、人格権との関係で問題が少なくありません。体内に飲み込んだ「証拠物」を捜索・押収するために、レントゲンなどで「捜索」し、吐剤や下剤を使って「押収」することは許されるのか、あるいは、血液や尿のような身体の「構成物」を強制的に採取することは許されるのか、といった問題が議論されています。

5 公平な裁判所の迅速な公開裁判を受ける権利

日本国憲法は、三七条から三九条まで、刑事被告人の権利を保障するため、刑事裁判手続に関する規定を設けています。

まず、憲法三七条一項は、「すべて刑事事件においては、被告人は、公平な裁判所の迅速な公開裁判を受ける権利を有する」と定めています。「迅速な裁判」が保障されているのは、不当に遅延した裁判は、事実上、「裁判の拒否」と同じようなものだからです。ここでいう迅速な「裁判」とは、起訴前の過程も含みます。したがって、起訴から判決の確定までの期間は迅速であっても、起訴前の期間が不当に長かった場合は、迅速な裁判だったとはいえません。

一五年にわたって審理が中断していた事案について、最高裁は、遅延の結果、被告人の権利が害せられたと認められる異常な事態が生じた場合には、憲法三七条により審理を打ち切るという非常救済手段をとることが許されるとして、免訴を言い渡しています（高田事件・最大判一九七二＝昭四七・一二・二〇）。

6 証人審問権・喚問権・弁護人依頼権

憲法三七条二項は、「刑事被告人は、すべての証人に対して審問する機会を充分に与へられ、又、公費で自己のために強制的手続により証人を求める権利を有する」と規定しています。前段は証人審問権を保障したもので、被告人に反対審問の機会が十分に与えられない自己に不利な証人の証言には証拠能力が認められません。被告人に不利益な証言が行われたとき、それに反論する機会が与えられなければ公正な裁判は期待できないからです。憲法三七条二項後段では、証人喚問権が保障されており、被告人は、自己に有利な証人の喚問を請求することができます。

憲法三七条三項は、「刑事被告人は、いかなる場合にも、資格を有する弁護人を依頼することができる。被告人が自らこれを依頼することができないときは、国でこれを附する」と定めています。前段は弁護人依頼権を、後段は国選弁護人の権利を保障したものです。弁護人依頼権は、たんに弁護人を依頼することを妨げられないという消極的なものではなく、弁護人の実質的・効果的な援助を受けることの保障までも含むものと考えられています。弁護人がいなければ開廷することができないという趣旨も含まれています。

7 自白強要からの自由

憲法三八条一項は、「何人も、自己に不利益な供述を強要されない」と定めています。この規定は、刑罰を科されたり、より重い刑罰を科されたりする根拠になる事実の供述（不利益供述）を避けたことによって、処罰などの不利益を与えることを禁止したものです。不供述から本人に不利益な推測をすることも禁止されます。刑事訴訟法は、一九八条二項および二九一条四項において、被疑者・被告人に黙秘権を保障しています。

憲法三八条二項は「強制、拷問若しくは脅迫による自白又は不当に長く抑留若しくは拘禁された後の自白は、これを証拠とすることができない」とし、同三項は、「何人も、自己に不利益な唯一の証拠が本人の自白である場合には、有罪とされ、又は刑罰を科せられない」と定めています。自白獲得手続が違法な場合には、任意性のある自白でも、証拠能力は否定されると考えられています。

これまで、警察や検察が見込みで別件逮捕して自白を強要するという強引な捜査を行った結果、数々の冤罪が生み出されてきました。「自白は証拠の王である」という自白偏重主義が拷問などの人権侵害をひきおこすことは、諸外国の例を見ても明らかです。

8 遡及処罰と被告人に不利益な再審の禁止

憲法三九条は、「何人も、実行の時に適法であつた行為又は既に無罪とされた行為については、刑事上の責任を問はれない。又、同一の犯罪について、重ねて刑事上の責任を問はれない」と定めています。「実行の時に適法であつた行為」について刑事上の責任を問われないというのは、遡及処罰や事後法を禁止したものです。無罪または有罪の判決が確定した後で、再び事件をむしかえして、あらためて有罪にしたり、あるいはより重い刑を言い渡すことも禁止されます。

この点に関連して、公訴時効の廃止や、時効期間の延長を遡及適用することが憲法三九条に違反するかどうかが議論されています。公訴時効制度は、犯罪が行われた後、一定期間経過すると被疑者の起訴を許さないという制度です。二〇一〇年の刑事訴訟法改正によって、「人を死亡させた罪」で死刑にあたるもの（殺人罪など）については公訴時効が廃止され、それ以外の罪についても重罪を中心に時効期間が延長されることになり、さらに、この法改正の施行時点で公訴時効が完成していない罪についても新法が遡及適用されるという経過規定が置かれました。最高裁は、二〇一五年の判決で、公訴時効未完成の事件に公訴時効の変更を適用しても憲法三九条に違反することにならないという判断を示しています（最判二〇一五＝平二七・一二・三）。

9 拷問と残虐刑の禁止

憲法三六条は、「公務員による拷問及び残虐な刑罰は、絶対にこれを禁ずる」と定めています。明治憲法時代の旧刑法においても、公務員による拷問は禁止され、それを犯罪として処罰する規定が置かれていましたが、実際には拷問が後を絶たなかったため、日本国憲法では、この反省から、とくに「絶対にこれを禁ずる」こととしました。

残虐な刑罰とは、判例によると、「不必要な精神的、肉体的苦痛を内容とする人道上残酷と認められる刑罰」を意味するものとされています（最大判一九四八＝昭二三・六・三〇）。残虐な刑罰かどうかは、法律で定めた刑罰の内容や、刑罰の適用・執行方法だけでなく、犯罪と刑罰が極端にアンバランスな場合にも問題になります。たとえば、名誉毀損について無期懲役を定めたとすれば、それは残虐な刑罰にあたる可能性があります。

死刑が残虐な刑罰にあたるかどうかが争われた事件で、最高裁は、「生命は尊貴である。一人の生命は、全地球より重い」としながらも、憲法一三条や三一条は死刑の存在を前提にしているという理解を根拠に、死刑そのものは残虐な刑罰にはあたらないとし、ただ、執行方法が火あぶりやはりつけなど「その時代と環境とにおいて人道上の見地から一般に残虐性を有するものと認められる場合」には残虐な刑罰にあたると述べています（最大判一九四八＝昭二三・三・一二）。この判決で、最高裁は、「死刑の威嚇力によって一般予防をなし、死刑の執行によって特殊な社会悪の根元を絶ち、これをもって社会を防衛せんとした」ものであることを実質的理由として死刑存続の必要性を肯定していますが、はたして本当に死刑に威嚇力があるのかどうかは大いに議論の余地があります。なお、憲法一三条や三一条が死刑の存在を前提にしているからといって、憲法上、死刑を置くことが義務づけられているわけではありません。

◆日本人が海外で犯した犯罪◆

近年、医療目的や嗜好目的での大麻の使用を一定の条件下で認める国が増えています。しかし、日本では大麻の所持や購入は厳しく禁止されており、たとえそれらの行為が認められている国においても、日本人には大麻取締法が適用されることがあると外務省のページなどに書かれています。刑法二条が「この法律は、日本国外において次に掲げる罪を犯したすべての者に適用する」として、内乱、外患誘致、通貨偽造などの罪を列挙しており、この大麻取締法では「刑法第二条の例に従う」とされているからです。

また、刑法三条では、「この法律は、日本国外において次に掲げる罪を犯した日本国民に適用する」として、殺人、傷害、贈賄、強制わいせつ、名誉毀損などの罪が掲げられています。日本人が海外で児童買春をした場合については、児童買春・児童ポルノ禁止法において「刑法第三条の例に従う」と規定されており、実際にフィリピンなどで児童買春を行った日本人が逮捕されています。他方で、しばしば合法化の是非が議論されているカジノは、日本国内で行えば賭博罪で処罰される行為ですが、マカオやラスベガスでは、現地の法律で合法とされ、日本の刑法三条でも賭博罪の国外犯規定はないので、日本人が現地でカジノに行っても処罰されることはありません。

「二十歳未満の者の飲酒の禁止に関する法律」（従来の「未成年者飲酒禁止法」）にも、「刑法第二条の例に従う」とか、「刑法第三条の例に従う」といった規定は含まれていません。一八歳あるいは一九歳から飲酒を認める国は少なくありませんが、海外で二〇歳未満の日本人留学生が飲酒をした場合、在籍する日本の大学が停学などの厳しい処分を行うことは可能であると考えられます。

第一二章　社会権

1 社会権はどのような権利か？

社会権は、二〇世紀になって、社会国家の理念にもとづき、とくに社会的・経済的弱者を保護し実質的平等を実現するために保障されるようになった人権です。そのような社会権をはじめて規定した一九一九年のワイマール憲法は、「経済生活の秩序は、すべての者に人間たるに値する生存を保障する目的をもつ正義の原則に適合しなければならない」として、経済的自由が「人間たるに値する生存」という観点から制約を受けることを宣言しています。

日本国憲法は、二五条で生存権、二六条で教育を受ける権利、二七条で労働権（勤労の権利）、そして、二八条で労働基本権を保障しています。これらの社会権は、国に対して一定の行為を要求する権利（作為請求権）であり、国の介入の排除を目的とする権利（不作為請求権）である自由権とは区別されます。ただし、社会権も、公権力による不当な侵害があった場合には、その排除を裁判所に請求できる自由権としての側面をあわせもつことがあります。

本書では、教育を受ける権利について、学問の自由と同じ章ですでに取り扱いましたので、ここでは、それ以外の権利を説明していくことにします。

2 生存権の法的性格

憲法二五条一項は、「すべて国民は、健康で文化的な最低限度の生活を営む権利を有する」と定め、同二項は、「国は、すべての生活部面について、社会福祉、社会保障及び公衆衛生の向上及び増進に努めなければならない」と規定しています。憲法二五条一項にいう「健康で文化的な最低限度の生活を営む権利」、つまり生存権の法的性格をめぐっては、さまざまな議論が展開されてきました。

生存権の法的性格について、学説は、大きく三つの立場に分かれています。まず、①憲法二五条は、国民の生存を確保すべき政治的・道義的義務を国に課したにとどまり、個々の国民に対して具体的権利を保障したものではない、とする説があります（プログラム規定説）。次に、②憲法二五条は、立法者に対して立法などの措置を要求する権利を規定したもので、これに対応して国は法的義務を課されている、とする説があります（抽象的権利説）。この説によると、生存権は、それを具体化する法律が制定されてはじめて憲法上の具体的な権利になるのであって、いったん具体化された権利は、憲法二五条と一体となって裁判上の救済を受けることができると考えられます。もっとも、憲法二五条にいう「健康で文化的な最低限度の生活」から客観的・絶対的基準を読みとることはできないので、そこで保障されている権利は、抽象的権利にとどまると説明されています。さらに、③憲法二五条の権利内容は立法府を拘束するほどには明確であって、その意味で具体的な権利を定めたものであるとし、立法府がその権利を実現する法律を制定していない場合には、国に対して法律の制定を促す請求をすることができる、とする説もあります（具体的権利説）。

3 生存権に関する判例

生存権を具体化する法律として、一九五〇年に生活保護法が制定されましたが、実際に定められた保護基準が不十分であるとして裁判で争われた事件があります。一九五六年当時の生活扶助費月額六〇〇円が「健康で文化的な最低限度の生活水準」を維持するのに足りるかどうか問題になったのですが、一審判決は、厚生大臣（現在は厚生労働大臣）の設定する生活保護基準が健康で文化的な生活水準を維持することができる程度の保護になっていない場合には、その基準は生活保護法に違反し、憲法二五条の理念もみたさず無効になるとし、厚生大臣の処分を実質的に違法とする判断を下しました（朝日訴訟・東京地判一九六〇＝昭三五・一〇・一九）。その後、原告は死亡したため、最高裁判決は、生活保護受給権は一身専属的なものだとして、形式的には訴訟終了としました。しかし、最高裁は、「なお、念のため」として、憲法二五条は、すべての国民が健康で文化的な最低限度の生活を営むことができるよう国政を運営すべきことを国の責務として宣言したにとどまり、直接個々の国民に具体的権利を与えたものではないし、何が「健康で文化的な最低限度の生活」であるかの判断は厚生大臣の裁量にゆだねられるとする見解を示しています（最大判一九六七＝昭四二・五・二四）。

その後、別の事件で、最高裁は、「健康で文化的な最低限度の生活」の具体的内容は、「その時々における文化の発達の程度、経済的・社会的条件、一般的な国民生活の状況等との相関関係において判断決定されるべきもの」であって、それを現実の立法に具体化するにあたっては、「国の財政事情を無視することができず、また、多方面にわたる複雑多様な、しかも高度の専門技術的な考察とそれに基づいた政策的判断」が必要になるとし、「具体的にどのような立法措置を講ずるかの選択決定は、立法府の広い裁量にゆだねられており、それが著しく合理性を欠き明らかに裁量の逸脱・濫用と見ざるをえないような場合を除き、裁判所が審査判断するのに適しない」と述べています（堀木訴訟・最大判一九八二＝昭五七・七・七）。

これらの判決で、最高裁は、生存権の裁判規範性を完全に否定しているわけではありませんが、ここまで広く裁量を認めてしまうと、実質的にはプログラム規定説と同じことになるのではないのかという批判が少なくありません。学説では、抽象的権利説が支配的ですが、いったん具体化された給付とその水準を正当な理由なく廃止・後退させる場合は憲法二五条違反になるとする見解（制度後退禁止原則論）も有力です。

4 環境権

一九六〇年代に、日本は高度経済成長を経験し、生活水準が向上する一方、深刻な環境汚染が拡大し、大規模な乱開発によって自然環境は著しく破壊されてしまいました。事態の悪化にもかかわらず、政府はその対応を怠り、さまざまな公害事件が発生。相次いで公害訴訟が提起されました。

日本国憲法の中には、環境権を明文で保障する規定はありません。公害や環境汚染は、日本国憲法制定以前から問題になっていましたが、当時は、憲法がかかわる問題としては考えられていなかったのです。環境権は、一九七〇年に、大阪の弁護士有志によってはじめて提唱されたといわれています。それによると、環境権とは、「良い環境を享受し、かつこれを支配しうる権利」と定義され、「環境に対する支配の機能は、そこに住む地域住民の共有に属するもの」であり、「その共有者の一人にすぎない加害企業が、独占的にこれを支配することは許されない」のであって、地域住民の同意のない侵害に対しては、「地域住民は、環境権の共有者として、これを侵害しようとする他の共有者に対し、侵害の予防を請求し、またはこれを差し止める権利をもつ」ものとされています（大阪弁護士会環境研究会編『環境権』）。

このように、環境権は、高度成長時代の公害問題を契機に、環境に対する侵害を権利侵害と構成することによって、生命・健康被害が発生する前の段階での公害防止を可能にするために主張されるようになったものです。「良い環境を享受する権利」という意味での環境権は、「健康で文化的な最低限度の生活」を維持するために不可欠な条件ですので、憲法二五条によって根拠づけられ、憲法一三条の幸福追求権によっても根拠づけられると一般に考えられています。ただ、「環境」の内容については、自然環境だけなのか、文化的環境も含むのか、さらにはインフラなどの社会的環境まで問題になるのか、種々の見解があります。法的性格をめぐっても、裁判において損害賠償や差止めを求める根拠になる権利といえるのかどうか、議論は分かれています。

5 環境権をめぐる裁判

これまで、数々の公害訴訟・環境訴訟で、原告は環境権を主張してきましたが、今のところ、最高裁はもとより、下級裁判所でも、環境権という名の権利を正面から承認した判例はありません。その理由としては、環境権は権利として不明確であることが指摘されています。ある下級裁判所の判決は、「権利の対象となる環境の範囲、すなわち環境を構成する内容の範囲及びその地域的範囲は、漠然としている上、その侵害の概念も明確でなく、さらには権利者の範囲も限定しがたく、その権利概念自体まことに不明確」であるから、環境権の法的権利性を認めることはできないと述べています（福岡地裁小倉支判一九七九＝昭五四・八・三一）。

他方で、裁判所が原告側の環境権主張の趣旨を実質的に認めたとされる判決もあります。大阪空港（伊丹空港）騒音公害訴訟の控訴審判決は、環境権については否定しながらも、明確に人格権を承認し、過去および将来分の損害賠償、午後九時以降の空港使用差止めを認めています。この判決は、「個人の生命、身体、精神および生活に関する利益は、各人の人格に本質的なものであって、その総体を人格権ということができ、このような人格権は何人もみだりにこれを侵害することは許されず、その侵害に対してはこれを排除する権能が認めら」れるとし、「人は、疾病をもたらす等の身体侵害行為に対してはもとより、著しい精神的苦痛を被らせあるいは著しい生活上の妨害を来たす行為に対しても、その侵害行為の排除を求めることができ、また、その被害が現実化していなくともその危険が切迫している場合には、あらかじめ侵害行為の禁止を求めることができる」と述べています（大阪空港公害訴訟・大阪高判一九七五＝昭五〇・一一・二七）。しかし、この事件の最高裁判決では、過去の損害賠償のみが認められ、民事訴訟の手続による空港使用差止めの請求は不適法であるとして却下されてしまいました（最大判一九八一＝昭五六・一二・一六）。

6 労働権（勤労権）

憲法二七条一項は、「すべて国民は、勤労の権利を有し」と規定し、労働権（勤労権）を保障するとともに、同二項は、「賃金、就業時間、休息その他の勤労条件に関する基準は、法律でこれを定める」として、国に法律制定の義務を課しています。さらに、憲法二七条三項は、児童の酷使を禁止しています。

憲法二七条一項の労働権は、まず、①国に対し雇用の保障を要求する権利を意味します。しかし現実には、国が各人に応じた仕事を与えることは不可能です。そこで、労働権は、②適職を得るまでの間、相当の生活費の支給を国に対して求める権利として主張されることもあります。使用者の解雇の自由は、労働基準法によって制約されていますが、憲法二七条一項によっても制約されると考えられています。

労働に関する契約は、もともと労使間の契約の自由にゆだねられていましたが、弱い立場にある労働者には真の自由はなく、低賃金や劣悪な労働条件を強いられ、過酷な生活を我慢するほかありませんでした。勤労条件の法定を定めた憲法二七条二項は、このような歴史的な経験を踏まえ、労働条件の設定に国が関与することで、労働者の立場を保護し、人間らしい生活を実現しようとしたものです。この規定を具体化するために、労働基準法が制定され、さらに最低賃金法、労働安全衛生法、労働者災害補償保険法などの法律がこれを補完する形で制定されています。また、これらの法律にもとづいて定められた基準の履行を監督するため、労働基準局や労働基準監督署が置かれています。しかし、現実には、ブラック企業が横行し、各種のハラスメント、非正規労働者の不安定な雇用など数々の問題が顕在化しており、労働者の人間らしい生活の実現があらためて課題になっています。

7 労働基本権の内容

憲法二八条は、「勤労者の団結する権利及び団体交渉その他の団体行動をする権利は、これを保障する」と規定し、団結権・団体交渉権・団体行動権（争議権）からなる労働基本権を保障しています。これら三つの権利を「労働三権」と呼ぶこともあります。契約自由の原則の下では、労使間の力関係には差があるため、労働者は、使用者に対して不利な立場に置かれています。労働基本権保障のねらいは、劣位にある労働者を使用者と対等の立場に立たせることにあります。

団結権とは、労働者の団体を組織する権利、つまり労働組合結成権のことです。また、団体交渉権は、労働者の団体が、その代表を通じて労働条件について使用者と交渉する権利であり、交渉により労使間で合意に達した事項については労働協約が締結されます。団体行動権は、労働者の団体が労働条件の維持・改善を図るためにストライキなどの団体行動を行う権利です。正当な争議行為は、憲法や労働組合法で保障された権利の行使であり、刑事上の責任は問われず、また損害賠償などの民事責任も免除されます（労働組合法一条二項・八条）。

労働基本権には、①国に対して労働者の労働基本権を保障する措置を要求し、国はその施策を実施する義務を負うという社会権的な側面があります。また、②労働基本権を制限するような法律を制定するなどの行為を国がとること禁ずる自由権的な側面もあります。さらに、③労働基本権の保障は、国家に対してだけでなく、民間企業などの私人間の関係においても直接適用されるという特徴があります。

8 労働基本権の制限

たしかにストライキなどの労働基本権の行使は社会的な影響が少なくありませんが、だからといって労働基本権の制限が広く認められてよいわけではありません。労働基本権は、労働者が人間らしい生活ができるように保障されている権利なので、それを規制する立法が合憲かどうかの審査については、ある程度厳格な審査が求められるのであって、立法府の裁量を過度に重視するのは妥当とはいえません。

とくに問題になるのが、公務員の労働基本権の制限です。現在、警察職員・海上保安庁職員・消防職員・刑事収容施設職員・自衛隊員については、すべての労働基本権が否定されています。行政執行法人（国立公文書館、国立印刷局、造幣局など）や地方公共団体が経営する企業（水道、鉄道、バス、病院など）の職員については争議権が否定されています。そして、それ以外の公務員は、争議権が否定され、団体交渉権が制限されています（労働協約締結権が認められていない）。争議権については、あらゆる公務員について否定されているのが現状で、これが憲法二八条に違反するのではないかが争われてきました。

9 公務員の労働基本権をめぐる判例

初期の判例では、最高裁は、「公共の福祉」や「全体の奉仕者」といった抽象的な原則を掲げ、公務員の争議行為の全面禁止をいとも簡単に合憲としていました。その後、一九六六年の最高裁判決では、全逓（民営化前の郵政関連職員の労働組合）の役員が東京中央郵便局の職員に対して争議行為をそそのかしたとして起訴された事件で、正当な争議行為には労働組合法一条二項が適用されるとして無罪判決が出されました。この判決は、労働基本権に対する制限が合憲かどうかを判断する基準として、①労働基本権を尊重確保する必要と国民生活全体の利益を維持増進する必要とを比較衡量し、制限は合理性の認められる必要最小限度にとどめること、②労働基本権の制限は、国民生活に重大な障害をもたらすおそれの大きいものにつき、必要やむを得ない場合に限ること、③刑事制裁は必要やむを得ない場合に限ること、④制限に見合った代償措置が講ぜられるべきこと、といった厳格な条件を示しています（全逓東京中郵事件・最大判一九六六＝昭四一・一〇・二六）。また、一九六九年の最高裁判決では、争議行為を禁止し、そのあおり行為を処罰の対象としている地方公務員法の規定の合憲性が争われ、この規定を文字通りに解釈すると違憲の疑いがあるので、刑事罰の対象になるのは違法性の強い争議行為・あおり行為に限られるとする解釈を行うべきだとして、やはり無罪判決が下されました（東京都教組事件・最大判一九六九＝昭四四・四・二）。

ところが、最高裁は、一九七三年の判決以降は、全面的合憲論に逆戻りしてしまいます。農林省の職員で構成される組合の幹部が職場大会へ参加を呼びかけたために国家公務員法違反として起訴された事件で、最高裁は、一律かつ全面的な争議行為の禁止を合憲とし、判例を変更しました。その判決によると、①公務員の地位の特殊性と職務の公共性からすると、その争議行為は国民全体の共同利益に重大な影響を及ぼすこと、②公務員の勤務条件は国会の制定した法律・予算によって定められるから政府に対する争議行為は的はずれであること、③公務員の争議行為には私企業の場合とは異なり市場の抑制力がきかないこと、④人事院などの代償措置が存在することが全面的合憲論の理由とされています（全農林事件・最大判一九七三＝昭四八・四・二五）。こうした判決が出された背景には、一九六〇年代における公務員の労働基本権を尊重する判例の流れに政府が危機感をもち、内閣が最高裁裁判官の人員構成を変化させたことがあったといわれています。

学説の多くは、これ以降の最高裁の全面的合憲論に対して、きわめて批判的です。公務員とはいっても、その職務の内容や性質は多種多様で、一般の民間企業の労働者と同じような職務を行っている人は少なくありません。労働基本権の制限は、その職務の性質や違いなどを考慮して、必要最小限度の範囲にとどめられるべきものと考えられます。

◆サッカー選手の移籍の自由◆

ＥＵの基本条約のひとつであるＥＵ運営条約は、「労働者の自由移動は、連合内において確保される」（四五条）と定め、ＥＵ内において、労働者の移動の自由を保障しています。ある加盟国の国民である自営業者が、別の加盟国に移住して、そこで自営業を営むことも可能です。ところが、従来、プロのサッカー選手たちには、選手個人の移籍を厳しく制約するルールが課されていました。

これに関連して、ベルギーのクラブに所属していたプロ・サッカー選手が、移籍金がネックになってフランスのクラブに移籍できなくなったことがＥＵ法違反になるかどうかが争われた事件があります。ＥＵの裁判所は、ＥＵ加盟国の国民であるサッカー選手が、もし移籍先クラブが所属元クラブに対して移籍金を支払わなければ、他の加盟国のクラブに雇用されないというスポーツ連盟のルールは、ＥＵ運営条約四五条に違反するという判断を示しました。また同時に、公式試合に出場できる「外国人選手」は一チーム五人までというルールについても、他のＥＵ加盟国の国民である選手の雇用機会を制限するものであり、同条約に違反すると判断されました（ボスマン事件・一九九五年）。これ以降、ＥＵ域内のクラブでは、どのＥＵ加盟国の選手であっても「外国人」扱いされないことになりました。結果として、ＥＵ各国の有名選手をかき集めることが可能になり、選手の流動化・国際化が進み、日本人選手がＥＵ各国のクラブで活躍する場が広がりました。

他方で、各地のクラブとその本拠地（地元）の結びつきを強化して、各クラブの経営を安定させるために、ＥＵ法違反とされた「外国人」出場枠とは異なる「地元育成選手」（ホームグロウン・プレイヤー）枠を導入することについては、欧州委員会は、労働者の自由移動原則には抵触しないとする見解を公表しています。

第一三章　国務請求権と参政権

1 請願権

国務請求権とは、いわば人権を確保するための権利であり、受益権とも呼ばれています。日本国憲法は、国務請求権として、請願権、国家賠償請求権、裁判を受ける権利、刑事補償請求権を保障しています。

憲法一六条は、「何人も、損害の救済、公務員の罷免、法律、命令又は規則の制定、廃止又は改正その他の事項に関し、平穏に請願する権利を有し、何人も、かかる請願をしたためにいかなる差別待遇も受けない」と定め、請願権を保障しています。請願は、絶対君主制下では為政者に対して民意を知らせ懇願する手段として重要な意味をもっていました。国民主権原理の下で参政権が確立された今日にあっては、たしかに請願の意義は以前ほど大きくないのは事実でしょう。しかし、主権者の意思を国会や政府に直接的に伝え、選挙以外の場で民意を国政に反映させるための権利として、請願権に参政権的な意義を認めるのが通説になっています。

憲法一六条にいう「請願」とは、通説によると、国や地方公共団体の機関に対して、国務に関する希望を述べることを意味します。ただし、請願を受けた公的機関側には、請願内容を審査したり回答したりする義務はないものと考えられています。参政権とは異なり、請願権の主体には、未成年者、外国人、さらには法人も含まれます。

2　裁判を受ける権利

裁判を受ける権利は、専断的・恣意的な裁判から人民の権利を擁護することを求めて、市民革命前のヨーロッパなどで主張された重要な権利です。日本国憲法三二条は、「何人も、裁判所において裁判を受ける権利を奪はれない」と定めています。ここでいう「裁判所」とは、憲法七六条一項にいう最高裁判所と下級裁判所のことです。裁判を受ける権利とは、民事事件や行政事件においては、自己の権利・利益が不法に侵害されたときに、裁判所に損害の救済を求める権利（裁判請求権や訴権）が保障されること、裁判所の「裁判の拒絶」は許されないことを意味します。また、刑事裁判においては、裁判所の裁判によらなければ刑罰を科せられないことの保障を意味しています。

3 国家賠償請求権

国家賠償制度は、公権力の不法な行使に対して国民の賠償請求権と国家の賠償責任を認める制度です。かつては、「国王は悪をなしえず」という考え方の下で、国家賠償は否定されていました。明治憲法時代の日本においても、国の不法行為責任を一般的に否定する「国家無答責の原則」が支配的で、明治憲法には、国家賠償の規定は置かれていませんでした。警察や軍などの公権力の行使に関して、国民が公務員の不法行為による損害を受けても、泣き寝入りするしかなかったのです。これに対して、日本国憲法は、一七条において、「何人も、公務員の不法行為により、損害を受けたときは、法律の定めるところにより、国又は公共団体に、その賠償を求めることができる」と定め、国家賠償請求権を保障しています。この規定を具体化する法律として、一九四七年に、国家賠償法が制定されました。

国家賠償法は、一条一項において、「国又は公共団体の公権力の行使に当る公務員が、その職務を行うについて、故意又は過失によつて違法に他人に損害を加えたときは、国又は公共団体が、これを賠償する責に任ずる」と定めています。国会が憲法違反の法律を改正・廃止せず、そのまま放置しているという「立法の不作為」が、この一条一項の適用を受けるかどうかがたびたび争われてきました。また、国家賠償法二条一項では、「公の営造物」(道路や河川など)の設置・管理の瑕疵にもとづく賠償責任について定められています。

最高裁は、郵便物の亡失やき損があった場合において損害賠償責任を制限・免除するという郵便法の規定について、二〇〇二年に、これを憲法一七条違反とする判決を下しています。問題の規定は、普通郵便のみならず、書留郵便の一種である特別送達郵便物についても、国の損害賠償責任が制限・免除されるとしていました。判決は、制限責任の立法目的については、賠償責任が過大になって郵便料金の値上げにつながることを防ぐことにあるから、それ自体は正当であるけれども、「書留郵便物について、郵便業務従事者の故意又は重大な過失によって損害が生じた場合に、不法行為に基づく国の損害賠償責任を免除し、又は制限」すること、さらに、「特別送達郵便物について、郵便業務従事者の軽過失による不法行為に基づき損害が生じた場合に、国家賠償法に基づく国の損害賠償責任を免除し、又は制限」することは、憲法一七条に違反すると述べています(最大判二〇〇二＝平一四・九・一一)。なお、国会は、この違憲判決を受けて、二〇〇二年一一月に郵便法を改正しています。

4 刑事補償請求権

憲法四〇条は、「何人も、抑留又は拘禁された後、無罪の裁判を受けたときは、法律の定めるところにより、国にその補償を求めることができる」と定めています。公務員の行為の違法性や故意・過失にかかわらず、刑事手続にともなう国民の不利益を国が償うことがこの規定のねらいです。結果として無罪とされた人は、刑事裁判の遂行により、本来は必要のなかった抑留や拘禁などの人権制限措置を受けたことになります。多大な犠牲を被ったのに、ただ無罪放免するだけでは正義・衡平に反するので、金銭による事後的救済を与えて、その償いをしようというわけです。

なお、免訴や公訴棄却の判決は、形式上は「無罪の裁判」とはいえませんが、刑事補償法は「もし免訴又は公訴棄却の裁判をすべき事由がなかったならば無罪の裁判を受けるべきものと認められる充分な事由があるとき」は、国に対して補償を請求することができるとしています（二五条一項）。

5 参政権の内容と意義

参政権とは、国民が主権者として、直接または代表者を通じて、国の政治に参加する権利を意味します。参政権は、民主政治を実現するうえで不可欠な基本的権利です。参政権の具体的内容としては、選挙権・被選挙権、国民投票権、公務員となる権利（公務就任権）があり、さらに、請願権や国家賠償請求権も参政権的な意義をもつものとされています。

日本国憲法一五条一項は、「公務員を選定し、及びこれを罷免することは、国民固有の権利である」と宣言しています。このことは、あらゆる公務員の終局的な任免権が国民にあるという国民主権原理を表明するもので、かならずしもすべての公務員を国民が直接に選定し、罷免すべきだという意味ではないとされています。なお、公務員とは、広く立法・行政・司法に関する国および地方公共団体の事務を担当する職員を指します。

日本国憲法は、国民投票制について、①最高裁裁判官の国民審査制（七九条二項）、②憲法改正国民投票制（九六条）、③地方特別法住民投票制（九五条）の明文規定を置いています。

6 選挙権の性格

参政権としてもっとも重要なのは選挙権です。ある最高裁判決が述べているように、「国民の代表者である議員を選挙によって選定する国民の権利は、国民の国政への参加の機会を保障する基本的権利として、議会制民主主義の根幹を成す」ものだといえるでしょう（最大判二〇〇五＝平一七・九・一四）。

選挙権とは、選挙人として選挙に参加できる地位または資格を意味しますが、その性格をめぐって学説は分かれています。ひとつは、選挙権は個人的な権利だとする「権利説」で、もうひとつは、選挙権は権利であると同時に選挙という公務を執行する責務であると捉える「二元説」です。通説とされているのは後者の二元説ですが、これによると、選挙人（選挙権をもつ人）は、一面において、選挙を通じて、国政について自己の意思を主張する機会が与えられると同時に、他面において、選挙人団という機関を構成して、公務員の選定という公務に参加する者であり、前者の意味では参政の権利をもち、後者の意味では公務執行の義務をもつところから、選挙権には参政の権利とともに公務の執行という二重の性格があると説明されます。公職選挙法では、受刑者や選挙犯罪者は選挙権を有しないとされていますが、二元説によると、これは、選挙権の公務としての特殊な性格にもとづく必要最小限度の制限と理解されています。

7 選挙の基本原則

選挙に関する基本原則として、憲法一五条三項は普通選挙を、同四項は秘密選挙を保障しています。このほか、憲法には明文規定はありませんが、平等選挙、自由選挙、直接選挙も、選挙の基本原則に含まれます。

普通選挙の原則

普通選挙とは、狭い意味では、選挙人の資格について、財産や納税額といった経済的な要件を排除する制度のことです。このような狭い意味での普通選挙制がはじめて日本で導入されたのは、一九二五年で、二五歳以上のすべての男子に選挙権が認められています。しかし、今日では、経済的な要件だけでなく、より広く、性別や教育なども選挙権の要件にしてはならないと考えられています。日本で、こうした広い意味での普通選挙制が実現したのは、一九四五年で、性別は選挙権の要件から外されました。このとき、年齢資格は二〇歳以上に引き下げられ、さらに二〇一五年の公職選挙法の改正により、現在は一八歳以上となっています。海外では一六歳以上に選挙権を認める国もあります。他方で、サウジアラビアやアラブ首長国連邦のように最近まで女性に選挙権が認められていなかった国もあります。

平等選挙の原則

平等選挙とは、選挙人の財産や身分などによって一票だけしか投票できない人と、複数の投票ができる人を認める「複数投票制」や、選挙人の財産や身分によって等級を分け、それぞれの等級の投票価値に格差を設ける「等級選挙」を否定するものです。つまり、平等選挙は、選挙権の価値が平等であるという、「一人一票」を原則とする制度のことです。今日では、投票の数的平等だけでなく、投票の価値的平等の要請も含まれるものと考えられています。この点で、議員定数不均衡の合憲性が問題になりますが、これについては後で触れることにします。

自由選挙の原則

自由選挙は、投票は義務とはされず、投票するかどうかは自由であり（任意投票）、棄権した場合でも制裁（罰金・公民権停止・氏名公表など）を受けない制度のことです。海外では、罰則付きで厳しい義務投票制を導入している国（オーストラリアでは罰金二〇～五〇豪ドル、ベルギーでは五～一二五ユーロの罰金や選挙権制限、シンガポールでは選挙人名簿からの抹消）や、義務投票制が採用されていても罰則のない国（メキシコ）、さらには、義務投票を廃止した国（オランダ）などさまざまです。

この自由選挙の原則から、候補者などの選挙運動の自由を導くこともできます。しかし、日本の公職選挙法は、諸外国と比較して、きわめて厳しい規制を選挙運動に対して課しています。戸別訪問の禁止がその一例ですが、最高裁は、一貫して合憲と判断しています。こうした厳しすぎる規制は、日本の低投票率や政治への無関心を招く原因になっているとの指摘もあります。

秘密選挙の原則

秘密選挙とは、選挙において、だれに投票したかを秘密にする制度のことです。他者からの不当な圧力を防ぎ、選挙人の自由な意思にもとづく投票を確保するのがそのねらいです。公職選挙法は、自書投票（四六条一項）、無記名投票（同四項）、他事記載の禁止（六八条一項六号）を要求しています。

直接選挙の原則

直接選挙とは、選挙人が公務員を直接選挙する制度のことです。選挙人が直接公務員を選挙するのではなく、選挙人がまず選挙委員を選び、その選挙委員が公務員を選挙する間接選挙制は、直接選挙と対置されます。すでに選挙されて公職にある者が公務員を選挙する準間接選挙制も、直接選挙とはいえません。アメリカの大統領選挙は、一般の選挙人が特定数の中間選挙人を選出し、その中間選挙人が代表者の選挙を行う形式をとっており、間接選挙の例としてよく知られています。

かつて東京都の特別区においては、現在のような区長公選制はとられておらず、区議会が都知事の同意を得て区長を選任する方式がとられていました。しかし、憲法九三条二項には「地方公共団体の長、その議会の議員及び法律の定めるその他の吏員は、その地方公共団体の住民が、直接これを選挙する」と定められており、これに違反するのではないかが争われた事件があります。最高裁は、憲法九三条二項の地方公共団体といえるためには、「事実上住民が経済的文化的に密接な共同生活を営み、共同体意識をもっているという社会的基盤が存在し、沿革的にみても、また現実の行政の上においても、相当程度の自主立法権、自主行政権、自主財政権等地方自治の基本的機能を付与された地域団体であることを必要とする」と述べ、東京都の特別区はそのような地方公共団体には該当しないとする判決を下しています（最大判一九六三＝昭三八・三・二七）。この最高裁判決にもかかわらず、一九七四年には区長の公選制が導入されましたが、同じ東京都でも、人口わずか一七〇人程度の青ヶ島村は憲法上の地方公共団体であって、人口九〇万人を超える世田谷区はそうではないというのは理解に苦しみます。

8　在宅投票

一九五〇年に施行された公職選挙法では「疾病等のため投票所に行くことができない在宅者」について、例外的に在宅投票制度が設けられましたが、一九五一年の統一地方選挙で、この制度による多数の選挙違反事件が発生したため、一九五二年に在宅投票制度は廃止されてしまいました。このことにより投票ができなくなったことについて、在宅投票制度を復活させないことは違憲であるとして、「立法の不作為」による国家賠償を求める訴訟が起こされました。

下級審では違憲判決が出されましたが、最高裁は、「国会議員は、立法に関しては、原則として、国民全体に対する関係で政治的責任を負うにとどまり、個別の国民の権利に対応した関係での法的義務を負うものではない」とし、「国会議員の立法行為は、立法の内容が憲法の一義的な文言に違反しているにもかかわらず国会があえて当該立法を行うというごとき、容易に想定し難いような例外的な場合でない限り、国家賠償法一条一項の規定の適用上、違法の評価を受けない」と述べました。そして、「投票の方法その他選挙に関する事項の具体的決定」は「原則として立法府である国会の裁量的権限に任せ」られているとし、在宅投票制度を廃止し、これを復活させない行為は、国家賠償法一条一項の規定の適用上、違法の評価を受けるものではない、とする判決を下しました（最判一九八五＝昭六〇・一一・二一）。

なお、一九七四年の公職選挙法改正で、重度身体障害者に限定して在宅投票制度が復活し、二〇〇三年の公職選挙法改正では、ＡＬＳ患者や視覚障害者などに代筆投票が認められました。介護保険で、一番重度の「要介護度５」の被保険者も郵便による投票を認められています。

9 在外日本人の選挙権

外務省の調査によると、海外に在留する日本人（在外邦人）は一三九万人を超え、永住者も五〇万人に達しています（外務省『海外在留邦人数調査統計』令和元年版）。奈良県や愛媛県の人口が一三四万人前後であることを考えると、いかに多くの日本人が海外に居住しているかがわかります。しかし、在外日本人は、選挙人名簿に登録されず、そもそも選挙権を行使できませんでした。一九九八年の公職選挙法改正により、新たに在外選挙人名簿を作ることになりましたが、対象となる選挙は、衆議院と参議院の比例代表選挙に限定されました。これにより、衆議院の小選挙区選挙と参議院の選挙区選挙では、在外日本人は選挙権を行使できない状態がつづくことになったのです。そこで、在外日本人たちが、①これらの選挙で選挙権を行使する権利をもつことの確認と、②法改正前の一九九六年の衆議院議員選挙で投票できなかったことについて、立法不作為による国家賠償を求めて裁判を起こしました。

最高裁は、①については、選挙権行使の制限が許されるためには「やむを得ないと認められる事由」が必要だが、この場合にはそのような事由は存在しないから、改正法が対象となる選挙を限定しているのは憲法一五条などに違反するとし、次回の選挙で「在外選挙人名簿に登録されていることに基づいて投票をすることができる地位」にあることを確認しました。そして、②については、「権利行使の機会を確保するために所要の立法措置を執ることが必要不可欠であり、それが明白であるにもかかわらず、国会が正当な理由なく長期にわたってこれを怠る場合」には、国家賠償法上、違法の評価を受けることになるとし、この場合は、それに該当すると判断し、損害賠償の支払いを命じました（最大判二〇〇五＝平一七・九・一四）。

先に紹介した在宅投票制度をめぐる一九八五年の最高裁判決では、立法不作為の違憲審査について、事実上それを否定するにひとしいほど厳しい制約が課されましたが、この点に関して、この在外日本人選挙権最高裁判決は、「異なる趣旨をいうものではない」と述べています。

10 選挙人資格の制限

選挙人資格の制限をめぐる判決として、成年被後見人の選挙権制限を違憲とした東京地裁の判決が注目されます。この判決は、成年被後見人は選挙権を有しないと定めていた公職選挙法の規定について、選挙権行使に「事理を弁識する能力」を求めるという立法目的それ自体は合理性があるけれども、民法は成年被後見人を「事理を弁識する能力」のない者とは位置づけておらず、その選挙権を一律に否定するのはやむを得ない制限だとはいえないとして、憲法一五条などに違反すると述べています（東京地判二〇一三＝平二五・三・一四）。この判決を受けて、国会は問題の規定を削除しています。

また、公職選挙法は、受刑者の選挙権を否定しており、このため参議院議員通常選挙で選挙できなかった受刑者が国家賠償請求訴訟を起こした事案もあります。大阪高裁は、不在者投票などで選挙権を行使させることは技術的に困難ではないから、やむを得ない制限とはいえず違憲だとする判決を下しています（大阪高判二〇一三＝平二五・九・二七）。この判決は確定していますが、現在のところ、国会による法改正は実現していません。

11 議員定数不均衡

すでに述べたように、平等選挙の原則には、投票の数的平等だけでなく、投票の価値的平等の要請も含まれます。したがって、「一票の重み」に不平等が存在することが違憲かどうかが問題になります。

衆議院議員選挙において、中選挙区制（ひとつの選挙区から三〜五人程度の議員を選出するもので、大選挙区制の一種）がとられていた時代には、一票の格差が一対四・九九にまで達したことがあります（一九七二年一二月の選挙）。最高裁は、一九七六年の判決で、①投票価値の不平等が国会において通常考慮しうる諸般の要素をしんしゃくしてもなお、一般的に合理性を有するとはとうてい考えられない程度に達しているか、②憲法上要求される合理的期間内に是正が行われたかどうか、という基準を示し、八年間是正されなかった一対四・九九の格差は違憲であると述べました。しかし、選挙の効力については、選挙を無効とすることで生じる不当な結果を回避するため、行政事件訴訟法三一条の定める「事情判決」の法理が「一般的な法の基本原則に基づくもの」として適用され（公職選挙法二一九条はその準用を認めていません）、選挙は無効とはされず、違法の宣言だけにとどめられました（最大判一九七六＝昭五一・四・一四）。

その後、一九八五年に、ふたたび最高裁は、一九八三年一二月の衆議院議員選挙における一対四・四〇の格差を違憲とする判決を下しましたが、同様に事情判決の法理により選挙は無効とせず、違法の宣言にとどめています（最大判一九八五＝昭六〇・七・一七）。このほか、一九八三年と一九九三年には、違憲状態にあるが、是正のための合理的期間は経過していないとする判決が出されています（最大判一九八三＝昭五八・一一・七、最大判一九九三＝平五・一・二〇）。

参議院議員選挙でも著しい定数不均衡が生じており、その合憲性が争われてきました。しかし、最高裁は、一九八三年の判決で、参議院議員の地方区選挙（現在の選挙区選挙）は地域代表的性格をもつという特殊性を重視し、立法府の裁量を広く認め、投票価値の不平等が「到底看過することのできない」程度の著しい状態になり、かつ、その不平等が相当期間継続してはじめて違憲となるという基準を示し、一対五・二六もの格差を合憲と判断しました（最大判一九八三＝昭五八・四・二七）。一九九六年、二〇一二年、二〇一四年の判決では、最高裁は、格差が違憲状態にあることを認めたものの、相当期間が経過していないという理由で、定数配分規定を合憲とする判断を示しています（最大判一九九六＝平八・九・一一、最大判二〇一二＝平二四・一〇・一七、最大判二〇一四＝平二六・一一・二六）。

12 被選挙権

被選挙権は、選挙されうる資格であって、選挙されることを主張しうる権利ではないというのが従来の支配的な見解でした。しかし、被選挙権も参政権のひとつであって、憲法上の権利であると今日では考えられています。判例も、「立候補の自由は、選挙権の自由な行使と表裏の関係にあり、自由かつ公正な選挙を維持するうえで、きわめて重要である」とし、「被選挙権者、特にその立候補の自由」は、憲法一五条一項で直接規定されてはいないものの、「同条同項の保障する重要な基本的人権の一つと解すべきである」と述べています（最大判一九六八＝昭四三・一二・四）。

公職選挙法は、候補者・当選人と一定の関係にあった人が買収などの選挙犯罪で刑に処された場合に、当選を無効にしたり、立候補を禁止する「連座制」を定めています（二五一条の二・二五一条の三）。これが被選挙権との関係で問題になりますが、最高裁は、選挙の公明・適正というきわめて重要な法益を達成するために必要かつ合理的な規制であり、憲法には違反しないとする判決を下しています（最判一九九六＝平八・七・一八）。

公職選挙法の定める供託金制度については、諸外国に比べて異常に高く、立候補の自由を事実上制約しているとの批判があります。たとえば、都道府県知事選挙の場合、供託金は三〇〇万円で、供託金没収点に設定されている「有効投票総数の一〇分の一」を上回らなければ返還されません（公職選挙法九二条・九三条）。二〇二〇年七月の東京都知事選挙には二二人が立候補しましたが、「有効投票総数の一〇分の一」を獲得できたのは上位三人だけでした。

海外では、供託金の代わりに、立候補の条件として一定数の有権者の署名を求めている国もあります。供託金制度のある国でも、その金額は日本よりはるかに低額です。日本においても、立候補の自由の観点から、とくに資金を欠く人には何らかの配慮が求められるといえるでしょう。

◆男女平等参画に向けたフランスの取り組み◆

フランスでは一九四四年に女性の参政権が保障されましたが、女性の政治参画は他国に比べて低迷していました。そこで、一九九九年に、公職への男女平等参画の促進が憲法に規定され、二〇〇〇年に「公職への男女平等参画促進法」（パリテ法）が制定されました。

パリテ法の施行により、女性議員の比率は、顕著に増加しました。たとえば、二〇〇一年の市町村議会議員選挙では、人口三五〇〇人以上の市町村における女性議員比率は、二一・八％から四七・五％に増加しています。人口三五〇〇人以上の市町村の選挙については、名簿登載順六人ごとに男女同数であることが義務付けられたため、このような女性議員の増加が実現することになりました。県議会議員選挙についても、二〇一三年の選挙から、男女のペア投票制が導入され、当選者は男女同数になっています。下院（国民議会）議員の選挙については、候補者数の男女差が二％を超えた政党・政治団体への助成金を減額する制度が採用されましたが、二〇一七年の下院議員選挙で当選した女性の比率は三八・八％で、地方議会の選挙に比べると低い水準にとどまっています。

世界全体では、一九九五年に一一・三％だった女性国会議員の割合が、二〇一九年一月には二四・三％に増えています。海外では、女性の首相や大臣たちが大いに活躍しています。しかし、日本における女性議員の比率は、先進国の中では異常に低く、衆議院議員ではわずか一〇％程度を占めるにすぎません（二〇一九年時点）。閣僚の顔ぶれも男性ばかりです。地方議会にいたっては、女性議員ゼロのところも珍しくない状況となっています（二〇一九年現在、全国の地方議会のうち、約三〇〇議会が男性議員のみ）。

第一四章　権利の主体

[1] 人権は誰でももてるはずだけど

人権は、人間であれば、誰でももつことのできる普遍的な権利です。ところが、日本国憲法は、世襲の天皇制を定め、第三章には「国民の権利及び義務」という表題をつけており、文言上は、人権の主体を「国民」に限定していると読めないこともありません。そこで、人権の主体をめぐって、未成年者、外国人、団体・法人、天皇や皇族の人権が議論されています。また、胎児や死者の人権についても議論があります。

2 未成年者（子ども）の権利

未成年者も人間である以上、当然に人権の主体となります。しかし、未成年者は心身ともいまだ成長段階にあり、成人に比べて判断力も未熟であるため、その能力に関して一定の制限が加えられたり、国家や公権力の介入による過度な保護主義が認められることもあります。

実際には、参政権の制限、民法上の行為能力の制約、酷使の禁止による保護のほか、地方公共団体の制定する青少年保護育成条例によって、表現の自由について一定の制約を受けています。職業選択の自由についても制約があり、公証人、弁理士、公認会計士、税理士、医師、薬剤師などの職業では成年者であることが資格要件になっています。

3 天皇・皇族

天皇・皇族も、人間であることにもとづいて認められる権利は保障されます。しかし、参政権、表現の自由、婚姻の自由、財産権について、一定の制約が課されています。皇族男子の婚姻については、皇室会議の議を経なければならず、一定の財産の接受には国会の議決が必要とされています。こうした制約は、必要最小限度のものであれば、天皇の地位の世襲制や職務の特殊性から許されると考えられています。

皇室典範では女性は天皇にはなれないことになっており、この点は憲法一四条との関係で議論されています。しかし、日本国憲法が平等の理念とは異質の世襲の天皇制を定めている以上、天皇制は基本的人権という観念の例外であって、天皇や皇族は憲法第三章の保障する権利の享有主体ではないとする考えもあります。このような立場からすると、女性が天皇になれないことは、そもそも憲法一四条の問題とはならないといえます。また、皇族女子のみが婚姻を原因として皇族の身分を離れるとされていることは、法の下の平等に反するのではないかという議論もあります。

4 外国人の人権

人権が、すべての人が生まれながらにして、当然にもつ権利であることや、憲法が条約や国際法規の順守を求めていることを考えると、外国人にも人権が保障されてしかるべきです。判例も、外国人にも、権利の性質上適用可能な人権規定はすべて及ぶとしています。

そこで、どのような人権がどの程度保障されるかが問題となります。また、ひとくちに外国人とはいっても、数日間、あるいは数時間しか滞在しない訪日観光客から、留学生、長期滞在者、さらには、日本に生活の本拠があり、永住資格を認められた定住外国人、難民など、さまざまです。外国人の中には、日本人として生まれながらも、海外で活躍するようになり、その後、外国籍になった人もいます（そのような人がノーベル賞を受賞すると、なぜか日本人受賞者として紹介されることがあります）。

5 外国人の参政権

参政権は、国民が自国の政治に参加する権利であることから、外国人には認められないというのが以前の通説でした。しかし、日本国籍はもたないものの、日本に生活の本拠があって、永住資格などをもっている外国人、つまり定住外国人については、地方参政権を法律で保障することは憲法上許容されているという見解が増えています。定住外国人は、税金を納める義務を負い、日本の政治の影響を日本人と同じように受けています。地方自治体は住民の生活に最も密着したものであるので、その意思を地方自治体の公共的事務の処理に反映させるため、永住資格を有する定住外国人にも地方参政権を認めることができるという考えです。最高裁も、定住外国人に法律で地方自治体レベルの選挙権を付与することは憲法上禁止されていないとする判決を下しています（最判一九九五＝平七・二・二八）。

これに対して、国政レベルの選挙権については、日本国民に限られるとし、外国人には認められないとする見解がなお多いようです。国民主権原理からみて、国民が国政に対して直接・間接に参加する権利である参政権を日本国民に限定することは、権利の性質からみて許される合理的な制約だとされています。最高裁も、国政選挙については外国人に選挙権を付与することはできないという立場のようです（最判一九九三＝平五・二・二六）。

6 外国人の公務就任権

公務就任権というのは、公務員になる権利のことで、広い意味での参政権に含まれます。外務公務員法には、国籍要件がありますが、他の一般の公務員については、法律上の国籍要件はありません。政府は、「公務員に関する当然の法理として、公権力の行使または国家意思の形成への参画にたずさわる公務員となるためには日本国籍を必要とする」という見解をこれまで維持してきました。しかし、この基準は、あまりにも包括的で、不明確だとして批判されています。

この問題に関して、特別永住者である在日韓国人の保健婦が、東京都の管理職選考試験の受験を希望したところ、外国人であることを理由として受験を拒否された事件があります。最高裁は、外国人の昇任を否定するべき管理職とそうではない管理職を包含する「一体的な管理職の任用制度」を採用することは、地方自治体の裁量の範囲内であって、その結果、管理職試験の受験資格について外国人を日本人と同じに扱わなくても憲法一四条一項には違反しないとする判決を下しました（最大判二〇〇五＝平一七・一・二六）。この最高裁判決に対しては、外国人を差別しない任用制度の可能性が十分検討されていない、「一体的な任用制度」を人権に優先させているなどといった批判がなされています。

7 外国人の社会権

社会権は、自国によって保障されるべき権利ですが、財政事情などの支障がないかぎり、法律により外国人に社会権の保障を及ぼすことは憲法上可能だといえます。とくに、日本に定住している在日韓国・朝鮮人、中国人などについては、その歴史的経緯や、日本での生活実態を考慮すると、できるだけ日本国民と同じ扱いをすることが憲法上望ましいといえます。もっとも、最高裁は、永住者としての在留資格をもつ外国人が生活保護の請求を却下され、その処分の取消を求めた事件で、「外国人は、行政庁の通達等に基づく行政措置により事実上の保護の対象となり得るにとどまり、生活保護法に基づく保護の対象となるものではなく、同法に基づく受給権を有しない」と判断しています（最判二〇一四＝平二六・七・一八）。

8 外国人の入国・再入国の自由

入国の自由は、国際慣習法上、外国人に保障されるものではありません。再入国の自由や海外旅行の自由が保障されるかどうかについては、最高裁は、入国の自由や在留の自由がないことから、再入国の自由も保障されないとする判決を下しています（最判一九九二＝平四・一一・一六）。しかし学説では、再入国は、在留地である「外国」への入国であり、まったくの新規の入国とは異なる配慮が求められ、最小限度の規制だけが許されるとする見解が有力になっているようです。

9 外国人の政治活動の自由

外国人の政治活動の自由をめぐっては、あるアメリカ人が、在留期間一年として日本に入国し、その後、在留期間更新の申請をしたところ、在留中に行った政治活動（ベトナム反戦、日米安保条約反対のデモや集会などに参加した行為）を理由に、法務大臣が更新を拒否した事件があります。最高裁は、人権の保障は権利の性質上外国人にも及び、政治活動についても、わが国の政治的意思決定に影響を及ぼす活動などを除いて保障されるとしつつ、人権の保障は、在留制度の枠内で与えられるにすぎないから、在留中の行為を、それが合法のものであっても、法務大臣は更新拒否の理由とすることができると判断しました。在留期間の更新について、最高裁は、法務大臣の広汎な裁量権を認める判決を下したのです（マクリーン事件・最大判一九七八＝昭五三・一〇・四）。

しかし、外国人を含めて活発な政治的活動が行われ、さまざまな立場から多様な意見が取り交わされることは、よりよい政治的意思決定にとって望ましいことであると考えられます。また、インターネットを介して、簡単に外国からの情報や意見が流入してくる時代にあっては、たとえ国内の政治活動を制限したところで、あまり効果はないのではないかという気がしてなりません。

10　団体・法人の人権

人権は、個人の権利であって、その主体は、本来は自然人である人間でなければなりません。しかし、法人などの団体の行う活動が重要になってきたため、団体・法人も人権を享有するかどうか、享有するのであれば、どの人権について、どの程度享有するのかが議論されるようになっています。

いまなお根強く残る日本の集団主義的傾向を憂慮して、団体・法人の人権を否定する見解もありますが、人権規定は性質上可能な限り法人にも適用されるとするのが通説・判例となっています。もっとも、人権は個人の権利として生成し発展してきたものですので、団体・法人に人権を認める場合には限定的に考えることが必要です。選挙権・被選挙権、生存権、生命・身体の自由などは、団体・法人には保障されないものと考えられています。

また、団体・法人に対して人権の保障が及ぶ場合であっても、その保障の程度は、自然人の場合とは異なります。法人の経済的自由権については、自然人よりも広汎な積極的規制を加えることが許されると考えられています。政治的行為の自由についても、法人内部の構成員の政治的自由と衝突する場合があるため、自然人とは異なる特別の規制に服すべきものとされています。

11 企業による政治献金

法人の政治的行為の自由に関する代表的な裁判例として、八幡製鉄株式会社が自民党に政治献金をしたところ、これは会社の定款外の行為だとして同社の株主が訴訟を起こした事件があります。最高裁は、「会社が、納税の義務を有し自然人たる国民とひとしく国税等の負担に任ずるものである以上、納税者たる立場において、国や地方公共団体の施策に対し、意見の表明その他の行動に出たとしても、これを禁圧すべき理由はない」とし、「会社は、自然人たる国民と同様、国や政党の特定の政策を支持、推進しまたは反対するなどの政治的行為をなす自由を有する」のであって、政治資金の寄附もその自由に含まれるとする判決を下しました（八幡製鉄政治献金事件・最大判一九七〇＝昭四五・六・二四）。

しかし、企業による多額な政治献金が金権政治を助長したり、政治過程における個人の発言力をかき消してしまうおそれがあること、政党への政治献金が、その政党を支持していない株主の思想・良心の自由や参政権を侵害することなどが問題として指摘されており、この最高裁判決に対する批判は少なくありません。

12 強制加入団体とその構成員

このようにして、最高裁は、企業が政党に政治献金をすることを認める形になりましたが、強制加入団体である税理士会による政治献金については、これを会の目的の範囲外の行為だと判断する判決を下しています。ある税理士会が、会の決議にもとづいて、会員から特別会費を徴収し、それを特定の政治団体に寄付しようとした行為が問題になったのですが、最高裁は、この事件では、税理士会が「強制加入団体であって、その会員には、実質的には、脱退の自由が保障されて」おらず、「会社とはその法的性格を異にする法人であ」るとしたうえで、「政治団体に対して金員の寄付をするかどうかは、選挙における投票の自由と表裏を成すものとして、会員各人が市民としての個人的な政治的思想、見解、判断等に基づいて自主的に決定すべき事柄」であって、それを税理士会が多数決によって団体の意思として決定し、構成員にその協力を義務付けることはできないと述べ、この行為は、税理士会の目的の範囲外の行為であって、無効であるとする判決を下しました（南九州税理士会事件・最判一九九六＝平八・三・一九）。

同じく強制加入団体である司法書士会が、阪神淡路大震災で被災した兵庫県司法書士会に復興支援拠出金（三〇〇〇万円）を寄付することにし、そのための特別負担金を会員から徴収する決議を行ったことについて、これが目的の範囲内の行為かどうかが争われた事件もあります。最高裁は、「他の司法書士会との間で業務その他について提携、協力、援助等をすること」も司法書士会の活動範囲に含まれ、拠出金の寄付も目的の範囲内の行為であるとしたうえで、その徴収は「会員の政治的又は宗教的立場や思想信条の自由を害するものではなく」、負担金の額も「社会通念上過大な負担を課するものではない」と述べ、この決議は有効であるとする判決を下しました（群馬司法書士会事件・最判二〇〇二＝平一四・四・二五）。

◆少数民族の権利◆

国際人権規約B規約（自由権規約）は、明文で少数民族の権利を保障しています。「種族的、宗教的又は言語的少数民族が存在する国において、当該少数民族に属する者は、その集団の他の構成員とともに自己の文化を享有し、自己の宗教を信仰しかつ実践し又は自己の言語を使用する権利を否定されない」と定める二七条がそうです。カナダやオーストラリアなどでは、先住民族や少数民族を保護するための政策がとられています。日本でも、先住民族であるアイヌ民族の伝統や文化の保護が立法などによって進められるようになりました。

札幌地裁は、一九九七年の判決で、この国際人権規約B規約を参照しながら、先住民である少数民族のアイヌに対して、幸福追求権のひとつとして文化享有権が保障されるという考えを示しました。この判決は、アイヌの聖地（「チプサンケ」と呼ばれるサケ捕獲のための舟下ろし儀式が行われる場所でした）がダム建設によって水没してしまうことから、ダム用地の収用裁決の取消しを求めて起こされた訴訟にかかわるものです。判決は、「少数民族にとって民族固有の文化は、多数民族に同化せず、その民族性を維持する本質的なものであるから、その民族に属する個人にとって、民族固有の文化を享受する権利は、自己の人格的生存に必要な権利ともいい得る重要なものであって、これを保障することは、個人を実質的に尊重することに当たるとともに、多数者が社会的弱者についてその立場を理解し尊重しようとする民主主義の理念にかなうものと考えられる」と述べ、この収用裁決は違法であったと判断しました。ただし、すでにダムは建設されてしまったため、実際にこの収用裁決を取消すとなると、「公の利益に著しい障害を生じる」として、事情判決の法理（行政事件訴訟法三一条）により、原告の請求は棄却されています（二風谷ダム事件・札幌地判一九九七＝平九・三・二七）。

この判決と同じ年に、国会はアイヌ文化振興法を制定。さらに、二〇一九年には、この法律に代わって、「アイヌの人々の誇りが尊重される社会を実現するための施策の推進に関する法律」が制定されました。同法は、アイヌの人々が先住民族であることを明記し、「アイヌの人々が民族としての誇りを持って生活することができ、及びその誇りが尊重される社会の実現を図り、もって全ての国民が相互に人格と個性を尊重し合いながら共生する社会の実現に資すること」をその目的に掲げています。

第一五章　人権の適用範囲と限界

1 人権にはどのような限界があるか

日本国憲法は、基本的人権を「侵すことのできない永久の権利」（一一条・九七条）として、絶対的に保障しています。しかし、人権といえども無制限ではなく、他人の人権との関係で制約される場合があります。

日本国憲法一二条は、国民が基本的人権を「常に公共の福祉のためにこれを利用する責任を負ふ」とし、また一三条は、「国民の権利については、公共の福祉に反しない限り、立法その他の国政の上で、最大の尊重を必要とする」と定めています。さらに、居住移転の自由、職業選択の自由、財産権については、「公共の福祉」による制限が明記されています。

こうした「公共の福祉」条項をめぐって、初期には、基本的人権はすべて「公共の福祉」によって制約されるとする説もありました。しかし、なんでもかんでも「公共の福祉」によって制約されるとなると、法律による人権制限が際限なく容易に認められてしまうおそれがあります。

そこで、「公共の福祉」を基本的人権相互の矛盾・衝突を調整する公平の原理と捉え、すべての人権に論理必然的に内在する制約がある（内在的制約）とし、精神的自由については必要最小限度の規制のみが認められ、経済的自由については、内在的制約とは別に、社会権の実現、経済的・社会的弱者の保護という観点からの制約も認められる（政策的制約）という考えが説かれるようになりました。

また、内在的制約の具体的内容として、①他人の生命・健康を侵害する行為の排除、②他人の人間としての尊厳を傷つける行為の排除、③他人の人権と衝突する場合における相互調整の必要という観点から導かれる限界であるという説明も試みられています。

2 特別の法律関係

時として国民は、特別の法律上の原因により、国家と特別の法律関係に入ることがあります。公務員や国公立学校の学生、刑事施設の被収容者、法定伝染病の罹患者などがそうです。このような場合に、特別な人権制限が許されるかどうかが議論されてきました。

明治憲法時代は、いわゆる「特別権力関係論」によって、人権制限が正当化されていました。この理論によると、①公権力は包括的な支配権をもち、法律の根拠なしに特別権力関係にある者を支配することができ、②公権力は、特別権力関係にある者に対して、一般国民としてもっている人権を、法律の根拠なく制限することができ、③原則として、特別権力関係内部における公権力の行為は司法審査に服さない、と考えられていました。

法の支配や基本的人権の尊重を基本原理とする日本国憲法の下では、こうした理論が通用する余地はありません。そこで、特別権力関係論は修正を迫られ、これを否定する見解も有力になっています。とはいえ、公権力と特別な法律関係にある場合に、一定の人権について制約を受けうること自体は否定されていません。したがって、それぞれの法律関係において、どのような人権が、どのような根拠で、どの程度制約されるのかを具体的に検討することが必要になります。以下では、公務員と刑事施設の被収容者の場合について取り上げることにします。

3 公務員の政治活動の自由

公務員関係では、政治活動の自由の制限と労働基本権の制限が問題となっています。

政治活動は、表現の一種であり、表現の自由を保障する憲法二一条によって保障されています。

そもそも、国民のひとりひとりが、自分の政治的意見を自由に表明することができなければ、民主主義は成り立ちません。しかし、国家公務員法一〇二条一項は、「職員は、政党又は政治的目的のために、寄附金その他の利益を求め、若しくは受領し、又は何らの方法を以てするを問わず、これらの行為に関与し、あるいは選挙権の行使を除く外、人事院規則で定める政治的行為をしてはならない」と定めています。さらに、この規定を受けて制定されている人事院規則には、あらゆる政治的行為が網羅的に定義されており、公務員の政治活動は、全面的に禁止される形になっています。国家公務員については、禁止された政治活動を行った場合の罰則も定められています。

このような厳しい政治活動の制限について、最高裁は、一九六〇年代半ばまで、「公共の福祉」や、憲法一五条二項で「すべて公務員は、全体の奉仕者であつて、一部の奉仕者ではない」と定められていることを根拠にあげて、こうした制限はやむを得ないとする立場をとっていました。

その後、郵便局の職員（当時は国家公務員）が、勤務時間外に衆議院議員候補者の選挙用ポスターを掲示したこと、他の人に掲示を依頼して配布した行為によって、国家公務員法違反で起訴された事件について、最高裁は、重要な判断を下すことになります。この事件の一審判決では、機械的労務にたずさわる現業の国家公務員が、勤務時間外に国の施設を利用せず、職務を利用することなく行った行為にまで、刑事罰を適用することは、必要最小限度の制限とはいえず、違憲であるとする判断が出されていました（猿払事件・旭川地判一九六八＝昭四三・三・二五）。これに対して、最高裁は、①行政の中立的運営とこれに対する国民の信頼の確保という規制の目的は正当であり、②その目的のために政治的行為を禁止することは、目的との間に合理的関連性が認められ、③禁止によって得られる利益と失われる利益との均衡がとれているとして、現行の規制をすべて合憲と判断したのです（最大判一九七四＝昭四九・一一・六）。この最高裁判決について、学説の多くは批判的であり、この規制目的が認められるにしても、目的達成のために、公務員に対して一律・全面的に政治活動を禁止するのは行き過ぎであり、職務の内容に応じて制限の必要性を具体的に審査すべきではないか、などといった見解が示されています。

4 刑事施設に収容されている人の人権

人権の保障は、拘置所や刑務所といった刑事施設に収容されている人にも及びます。もちろん、憲法一八条からすると、「犯罪に因る処罰の場合」には「その意に反する苦役」を科すことが許されており、憲法三一条からすると、「法律の定める手続」によるのであれば、「その生命若しくは自由を奪はれ、又はその他の刑罰」を科すことも認められます。このように、憲法は、刑罰として人身の自由が制約されること自体を認めているのです。

人身の自由以外の自由の制約も問題になります。刑事施設の被収容者には、逮捕後、勾留されているとはいえ、まだ判決は確定しておらず、拘置所に身柄が拘束されている人と、すでに判決が確定し、刑罰の執行として刑務所に懲役や禁固などで拘束されている人がいます。その収容の目的は、前者の場合には、逃亡や罪証隠滅の防止であり、後者の場合には、逃亡防止や受刑者の矯正教化が目的になります。前者の場合には、判決の確定前ですので、無罪の推定がはたらき、一般には、刑務所の受刑者よりも自由度が高くなるといえます。拘置所や刑務所には、多くの人が収容されていますので、内部での生活が円滑になされ、規律を維持する必要性から、収容目的を達成するために必要最小限度の制約は許されるものと考えられます。

5 新聞閲読の自由

これまでに問題となった制限として、未決拘禁者が自費で定期購読していた新聞に掲載されたハイジャック事件の記事が、拘置所長によって墨で塗りつぶされて読めない状態で配布されたため、このような制限は憲法二一条によって保障される新聞閲読の自由を侵害するとして争われた事件があります。

最高裁は、この事件の判決において、新聞閲読の自由は、憲法一九条や憲法二一条の趣旨・目的から当然に導かれるとしたうえで、この自由の制限は、逃亡・罪証隠滅の防止、監獄内の規律・

秩序の維持という目的を達成するために真に必要とされる限度にとどめられるべきであるとし、こうした制限が許されるためには、閲読を許すことで「規律及び秩序が害される一般的、抽象的なおそれがあるというだけでは足りず、被拘禁者の性向、行状、監獄内の管理、保安の状況、当該新聞紙、図書等の内容その他の具体的事情のもとにおいて、その閲読を許すことにより監獄内の規律及び秩序の維持上放置することのできない程度の障害が生ずる相当の蓋然性があると認められることが必要」であり、かつ、その場合でも、制限の程度は、「障害発生の防止のために必要かつ合理的な範囲にとどまるべき」だと述べました。しかし、実際にその蓋然性があるかどうかは拘置所長の裁量的判断にゆだねられ、この場合の判断には合理性が認められるとして、この措置は適法であったとする判決を下しています（よど号新聞記事抹消事件・最大判一九八三＝昭五八・六・二二）。

6 私人（団体・企業）による人権侵害

伝統的に、憲法の基本的人権の規定は、公権力から国民の権利や自由を保護するものと考えられてきました。しかし、今日では、国家権力だけでなく、企業や私的団体といった「社会的権力」によって一般国民の権利や自由が侵害される問題が深刻になっています。マスコミによるプライバシー侵害がその典型例です。このような「社会的権力」などの私人による権利や自由の侵害に対して、憲法の人権規定は効力をもつのでしょうか。一般に人権の「私人間効力論」として議論されてきた問題です。

最高裁は、労働者の思想・信条を理由とする試用期間後の本採用拒否が問題になった三菱樹脂事件で、憲法一九条・一四条の規定は、「国または公共団体の統治行動に対して個人の基本的な自由と平等を保障する目的に出たもので、もっぱら国または公共団体と個人との関係を規律するものであり、私人相互の関係を直接規律することを予定するものではない」とし、人権規定が私人相互の関係を直接規律することを否定するとともに、一方の私人が他方の私人に優越し、後者が前者の意思に服従しなければならないような状況では憲法の人権規定の適用や類推適用が認められるべきだとする見解も退けました。そのうえで、最高裁は、私的支配関係において個人の基本的な自由や平等が侵害されるときは、「これに対する立法措置によってその是正を図ることが可能」であり、「また、場合によっては、私的自治に対する一般的制限規定である民法一条、九〇条や不法行為に関する諸規定等の適切な運用によって、一面で私的自治の原則を尊重しながら、他面で社会的許容性の限度を超える侵害に対し基本的な自由や平等の利益を保護し、その間の適切な調整を図る」こともできると述べました（三菱樹脂事件・最大判一九七三＝昭四八・一二・一二）。

学説では、伝統的には、無効力説（非適用説）、直接効力説（直接適用説）、間接効力説（間接適用説）

があるとされていました。以前の無効力説は、人権は国家機関を拘束するものであるから私人間には効力はないとする見解として説明されています。直接効力説は、自由権などの人権規定について、私人と私人の間でも直接に憲法は効力をもつとする考えです。

これまで通説・判例の立場として位置づけられていたのは、間接効力説でした。法律の概括的条項、とくに、公序良俗に反する法律行為は無効であると定める民法九〇条のような私法の一般条項を、憲法の趣旨をとり込んで解釈・適用することによって、間接的に私人間の行為を規律しようとする見解です。

7 その後の最高裁判例

最後に、三菱樹脂事件判決以降の最高裁判例をいくつか紹介しておきましょう。私立大学の学生が政治的な署名活動をしたことなどを理由とする退学処分や学則の細則をめぐる裁判において、最高裁は、三菱樹脂事件判決を引用して、間接適用の立場を示したうえで、大学は「学生を規律する包括的権能」をもつことや、私立学校の「建学の精神に基づく独自の伝統ないし校風と教育方針」を強調し、退学処分は違法ではないとする判決を下しています（昭和女子大事件・最判一九七四＝昭四九・七・一九）。また、ある民間企業が、就業規則で定年年齢を男子は五五歳、女子は五

○歳（のちに、男子六〇歳、女子五五歳）と定めていたことが、「性別による不合理な差別」にあたるかどうかが争われた事件があります。最高裁は、憲法一四条を参照しつつも、民法九〇条により、この就業規則を無効とする判決を下しています（日産自動車事件・最判一九八一＝昭五六・三・二四）。

入会権《いりあいけん》（一定の地域住民が一定の山林原野などで共同して雑草、薪炭用の雑木などを採取する慣習上の権利）に関する事件で、ある入会部落（沖縄県金武町《きんちょう》）が、入会権者の資格を、払い下げ当時の部落民の男子孫にのみ認め、部落民以外の男性と結婚した女子孫は離婚して旧姓に復しない限り入会権者の資格を認めないとしていたことが「性別による不合理な差別」にあたるかどうかが争われたものがあります。ここでも、最高裁は、「男女の本質的平等を定める日本国憲法の基本的理念に照らし、入会権を別異に取り扱うべき合理的理由を見いだすことはできない」としつつ、この「慣習のうち、男子孫要件は、専ら女子であることのみを理由として女子を男子と差別したもの」であって、「性別のみによる不合理な差別として民法九〇条の規定により無効である」と判断しました（最判二〇〇六＝平一八・三・一七）。なお、問題の入会地は、米軍の軍用地となっており（金武町の面積の約六〇％はキャンプ・ハンセンなどの米軍用地で占められています）、実際に雑草や雑木を採取できるわけではありませんが、国から町に軍用地使用料が支払われ、その一部が部落民に支給されているそうです。

私人による外国人差別が問題になった事件もあります。小樽市の民間の公衆浴場が、外国人船員の入浴マナーの悪さから、「Japanese Only」などと書いた看板を掲げ、一律に外国人の利用を拒否していました。そこで、入浴を拒否された外国人が、公衆浴場に損害賠償を請求するとともに、小樽市が適切な措置を講じていないことを理由に国家賠償を請求したのです。一審の札幌地裁判決は、入浴拒否は「実質的には、日本国籍の有無という国籍による区別ではなく、外見が外国人にみえるという、人種、皮膚の色、世系又は民族的若しくは種族的出身に基づく区別、制限であると認められ、憲法一四条一項、国際人権B規約二六条、人種差別撤廃条約の趣旨に照らし、私人間においても撤廃されるべき人種差別にあたる」ものであり、公衆浴場の公共性に照らすと「外国人一律入浴拒否の方法によってなされた本件入浴拒否は、不合理な差別であって、社会的に許容しうる限度を超えているものといえるから、違法であって不法行為にあたる」と判断しました。ただし、小樽市が差別撤廃条例を制定していないことについては、不作為の違法とはいえないとしています（札幌地判二〇〇二＝平一四・一一・一一）。

最近では、私人間効力をめぐってさまざまな学説が登場し、活発な議論が展開されています。もっとも、具体的問題の解決にあたっては、私人と私人の関係が対等か、対等ではないか、個人と団体の関係では、団体の性格や権限がどのようなものか、どのような人権が保障され、どのような人権が制約を受けるのかを検討していくことが重要だと考えられます。

◆大学の単位認定◆

大学で単位を認めてもらえなかった場合、それを裁判で争うことはできるのでしょうか。ある国立大学における単位認定をめぐる事件を紹介しておきましょう。

富山大学経済学部の学生らは、一九六六年度に、U教授の授業や演習を受講していましたが、同教授が虚偽の成績証明書の発行を指示した疑いが生じたため、学部長は、U教授の授業担当を停止し、学生たちに他の科目を受講するよう指示しました。しかし、U教授は、授業を続行し、元ゼミ生たちは、U教授の授業を受けて、試験を受験し、合格判定の成績評価を受けました。U教授は、成績表を学部長に提出しましたが、単位が認定されなかったため、学生たちは単位不認定の違法確認と単位認定義務の存在の確認の訴えを起こしました。

これに対して、最高裁は、大学の単位認定をめぐる内部的な問題については、特段の事情のない限り、裁判所の司法審査の対象にはならないとする判断を示しました。裁判所法三条一項によると、「裁判所は、日本国憲法に特別の定のある場合を除いて一切の法律上の争訟を裁判」することになっています。この「法律上の争訟」とは、①当事者間の具体的な権利義務ないし法律関係の存否に関する紛争であって、かつ、②それが法律を適用することにより終局的に解決できるもの、と説明されます。しかし、判決は、大学は「一般市民社会とは異なる特殊な部分社会」であって、その内部的な問題は、法律上の係争であっても、裁判所の司法審査の対象にはならないことがあるというのです。

判決によると、「大学は、国公立であると私立であるとを問わず、学生の教育と学術の研究とを目的とする教育研究施設であつて、その設置目的を達成するために必要な諸事項については、法令に格別の規定がない場合でも、学則等によりこれを規定し、実施することのできる自律的、包括的な権能を有し、一般市民社会とは異なる特殊な部分社会を形成しているのであるから、このような特殊な部分社会である大学における法律上の係争のすべてが当然に裁判所の司法審査の対象になるものではなく、一般市民法秩序と直接の関係を有しない内部的な問題は右司法審査の対象から除かれる」とされています。そして、「単位の授与（認定）という行為は、学生が当該授業科目を履修し試験に合格したことを確認する教育上の措置であり、卒業の要件をなすものではあるが、当然に一般市民法秩序と直接の関係を有するものでないことは明らか」であり、単位授与行為は「特段の事情のない限り、純然たる大学内部の問題として大学の自主的、自律的な判断に委ねられるべきものであつて、裁判所の司法審査の対象にはならない」と述べています（富山大学事件・最判一九七七＝昭五二・三・一五）。

このような内部的な紛争は、大学だけでなく、労働組合、政党、地方議会、弁護士会など、さまざまな団体の中で生じる可能性があります。たしかに、純粋に内部的な問題については、事柄の性質上、それぞれの団体の自治を尊重すべき場合もあるかもしれませんが、このような考え方を貫くと、憲法三二条の保障する裁判を受ける権利がないがしろにされてしまうおそれもあります。もっとも、たんなる内部的な問題では済まないような、「一般市民法秩序」とつながる問題については、最高裁も司法審査は可能であるという立場をとっています。たとえば、学生が専攻科修了の要件を満たしたにもかかわらず、大学がその認定をしない場合がそうです。

著者紹介

蛇原健介（えびはら けんすけ）
1972年　福岡市に生まれる
1995年　中央大学法学部政治学科卒業
2000年　立命館大学大学院法学研究科博士後期課程修了
　　　　博士（法学）
現　在　明治学院大学法学部グローバル法学科教授
　　　　国際ワイン法学会理事

主要著書

『はじめてのワイン法』（虹有社、2014年）
『フレッシャーズ法学演習』［編著］（中央経済社、2016年）
『旅するように学ぶ フランスAOCワインガイド』［監修］
（三省堂、2018年）
『ワイン法』（講談社、2019年）
『日本のワイン法』（虹有社、2020年）

オンライン学習時代の憲法入門

2021年2月20日　初版第1刷発行

著　者　蛇　原　健　介
発行者　阿　部　成　一

〒162-0041　東京都新宿区早稲田鶴巻町514番地
発行所　株式会社　成　文　堂
電話 03(3203)9201(代)　Fax 03(3203)9206
http://www.seibundoh.co.jp

製版・印刷　三報社印刷　　製本　弘伸製本　　検印省略

ISBN978-4-7923-0678-6　C3032
定価（本体2600円＋税）